LISTE GÉNÉRALE

DES

NÉGOCIANTS DE LA PROVINCE

PUBLIÉE

Par le *Courrier du commerce*

JOURNAL DU COMMERCE EN GROS DE PARIS

RUE FEYDEAU, 24.

PRIX DU VOLUME : 100 FRANCS.

PARIS

IMPRIMERIE LOUIS GRIMAUX, RUE DU CROISSANT, 16.

1854

LISTE GÉNÉRALE

DES

NÉGOCIANTS DE LA PROVINCE

PARIS. — IMPRIMERIE L. GRIMAUX, 16, RUE DU CROISSANT.

LISTE GÉNÉRALE

DES

NÉGOCIANTS DE LA PROVINCE

PUBLIÉE

Par le ***courrier du commerce***

JOURNAL DU COMMERCE EN GROS DE PARIS

RUE FEYDEAU, 24.

PRIX DU VOLUME : 100 FRANCS.

PARIS

IMPRIMERIE LOUIS GRIMAUX, RUE DU CROISSANT, 16.

1854

NOMS

DES

NÉGOCIANTS DE LA PROVINCE.

Département de l'AIN.

Arrondissement de Bourg.

BOURG.

Draps.

Badoux.
Cherel.
Pitré.

Négociants.

Couttoulenc.
Petetin.

Nouveautés et Toiles.

Audiffred Glass.
Garnier (veuve).
Rousset.

BAGÉ-LE-CHATEL.

Draperie.

Derodot.
Gonod.
Rabuel.
Riche.

Mercerie.

Barberat.
Lepine (veuve).
Ponceblanc.
Prevel.

MONTREVEL.

Draperie.

Bouverot.
Painblanc.

PONT-DE-VAUX.

Draperie et Toiles.

Arnaud fils.
Benoit.
Bidault.
Charmont.
Janaudy.
Laposte.
Martin.

PONT-DE-VEYLE.

Draperie.

Degletagne.

TREFFORT.

Draperie.

Armand.
Bardillon.

Arrondissement de Belley.

BELLEY.

Draperie et Bonneterie.

Dulliand.
Gacon.
Gaillard.
Giraud.
Guillet.
Molliard.
Monnet.
Tranchand.
Ulmann.
Villemenot.

Mercerie et Toiles.

Arnaud.
Berthelet.
Barnex.
Bouvet.
Chenel.
Duc.
Dumas (veuve).
Girot.
Gay.
Grillat.
Lamouille.
Ollagne.
Vindret.

DOUVRES.

Négociants.

Amorat.
Jourdaim.
Rabachon.

Arrondissement de Gex.

GEX.

Draps.

Doré.
Dubosson.
Mandrillon.
Richard.

COLLONGES.

Draps et Mercerie.

Bergin.
Coignier (veuve).

DIVONNE.

Draps et Mercerie.

Dalloz.
Buffard.
Mantel.

Arrondissement de Nantua.

BRENOD.

Draps.

Carrier.

DORTAN.

Draperie.

Fraque.
Thiébaud.

Mercerie.

Beroud.
Burtin.
Damet frères.
Favre
Janodet.
Lamy.
Léger père et fils.

OYONNAX.

Draperie.

Bataillier.
Bonneville.
Goiffon.
Moser.

Arrondissement de Trévoux.

TRÉVOUX.

Draperie.

Genton.
Las.
Seve.
Sejalon.

MAXIMIEUX.
Draps.
Vincent.

THOISSEY.
Draperie.
Carrel.
Genoux.

Rouennerie.
Convert.
Farfouillon.
Hyvert.

Département de l'AISNE

Arrondissement de Laon.

LAON.
Nouveautés et draperie.
Brun.
Belin.
Brugnon (Mlle).
Brunel, Labouret.
Gauchet.
Marcy-Cordier.
Mercier Foigne.
Meyer.
Prudhommeaux Desportes.
Religieux (veuve).
Chausel.
Lebègue.

ANIZY-LE-CHATEAU.
Négociants.
Grodée.
Thevenin.

BRUNHAMEL.
Draps.
Flamain.
Sandrique (Jules).
Toiles.
Barbier (Jules).
Croison.

CHAUNY.
Draps.
Chaumeil.
Desportes.
Delettre.
Fera Dhiver.
Manet-Suret.
Devienne.
Sosson.

COUCY-LE-CHATEAU.
Draperie.
Tranchart et Ce.
Tuvelot.
Vergnaux jeune.

CRÉCY-SUR-SERRE.
Négociants.
Liénard.
Lefèvre.

CRÉPY-EN-LAONOIS.
Mercerie.
Rouen.
Villequier.

DIZY-LE-GROS.
Draps.
Rolland.

LA FÈRE.
Draps et toiles.
Borgnon.
Coze (Mlle).
Denizard.
Fagneux.
Fercot.
Leclerc Lobbé.
Schneider.
Mercerie et toiles.
Fagellain.
Fourtet.
Hodé Devienne.
Hodé Baurin.
Morin.
Griselin.
Seméry.
Huet.

NOTRE-DAME-DE-LIESSE.
Nouveautés et Draps.
Dubois Retrain.
Dupin Defeste.
Immery.
Genteur Vittart.

MARLE.
Draperie et Nouveautés.
Berrois Duval.
Delange Duquesnois.
Gillot.
Lalouette Sandras.
Lefèvre (veuve).
Lorne Paquot.
Margue Duverdier.
Mignaux.
Quigneaux.

MONTCORNET.
Draps.
Favereaux Blot.
Greet.
Lavisse.
Masson.
Tatinguet.
Lapie.

NEUFCHATEL.
Draps.
Derodé-Sonnette.
Lenotre (Gilbert).
Cagnard.

Fossé.
Lefèvre.

PARFONDEVAL.
Rouennerie et Draperie.
Chemin.
Toiles.
Beuzert.
Bisseux.
Delahaye.
Froment.
Canneaux frères.

ROUCY.
Rouennerie.
Zech.
Cretonnier.

ROZOY-SUR-SERRE.
Draps.
Petit Lemery.
Sandrique.
Nouveautés.
Bouillard (veuve).

SISSONNE.
Draperie et Nouveautés.
Beaudier.
Miret.
Toiles.
Guré Dovin.
Guyot.
Lefèvre.

Arrond. de Château-Thierry.
CHATEAU-THIERRY.
Draps et Rouennerie.
Callou l'Homme.
Dudrumet.
Escudier jeune.
Gilquin.
Lacan.
Poron (veuve) jeune.
Toiles.
Devaugermé.
Devaugermé Sarrazin.
Leroux.
Petit.

CHARLY-SUR-MARNE.
Nouveautés.
Petel Closier.

CONDÉ-EN-BRIE.
Draps.
Canot.
Jamain.
Luquet.
Marchal.
Verdavoine Plateau.

COULONGES.
Draperie.
Tabuy.

CREZANCY.
Rouennerie.
Denizard.

FÈRE-EN-SARDENOIS.
Draperie.
Daniel Tabuy.
Dubour Braux.
Escudier, jeune.
Milhomme.
Aubry.
Laurès.

NEUILLY-SAINT-FRONT.
Bonneterie.
Deschamps fils.
Flobert.
Lafosse.
Deschamps Guillonard.
Mignot.
Raquet.

VIELS-MAISONS.
Rouennerie.
Amorie.
Deschamps.
Grevin.

Arrondissement de St-Quentin.
SAINT-QUENTIN.
Bonneterie.
Derche Deval.
Drouard.
Guety Roger.
Peuillard.
Vuattellier Chatelain.
Cadot Duval.
Carpentier.
Delacharlonny.
Duflot.
Grouslé.
Marie.
Nouveautés.
Dufour.
Gransard.
Guillaume.
Mareuse.
Martin Leclerc.
Maury.
Scherer.
Dorigny.
Taconnet.
Viquesnet.
Veré.
Fremont.
Thierry.
Lefèvre.
Basquin Bricourt.
Mercerie.
Bertaux.
Hinaut.
Cagnart.
Mercerie, Nouveautés.
Jacob.
Marcaignes Devillers.
Charlet.
Oudard Bravet.
Rouard Soyer.
Tailleurs fournisseurs.
Bertaux.
Braillon.
Corlier.
Deutth.
Duflot.
Halliez.
Lecot.
Mignot.
Baillon.
Carpentier.
Delacharlonny.
Musaux.
Pruvost.

BOHAIN.
Drapiers.
Clavoine Varnet.
Defrance.
Forget.
Robert Geneste.
Vassaux Chevalier.

CATELET.
Merciers.
Boulanger.
Herbert.

FLAVY-LE-MARTEL.
Nouveautés.
Baudoin.

FRESNOY-LE-GRAND.
Draperie.
Durieux Blanchard.
Dudebout Herbet.

ORIGNY-SAINTE-BENOITE.
Draperie.
Caramel.
Catet.

RIBEMONT.
Draperie.
Colet Charlier.
Nicolas.
Brancourt.
Caplain Courtin.
Goudemant.
Jeannette.
Lefebvre Grandhomme.
Matras.
Thery Wall.
Thiébault.
Violette.

SISSY.
Nouveautés.
Thiebaut.
Droit.

Arrondissement de Soissons.

SOISSONS.
Bonneterie.
Cagnage.
Genteur.
Lamessine.
Racine.
Dupuis Barbey.
Fontaine.
Petit Gugnage.
Pichot.
Raimbault Caron.
Solaire (veuve).
Mercerie.
Flamand.
Pasquier.
Cornet.
Gobin.
Bodelot.
Rouennerie.
Grechen.
Bazin.
Depierre et Legrand.
Durmont et Legrand.
Aubry.
Nouveautés.
Dureau.
Clamence.
Lalanne.
Chastel.
Leblanc.

VIC-SUR-AISNE.
Draperie.
Dupuis.

BRAISNE-SUR-VESLE.
Draperie, Rouennerie, Nouveautés.
Jaspart.
Nottellet (veuve).
Roche.
Mercerie.
Bergoltez.
Leger Tallot.
Lemoine.
Toupet.

VILLERS-COTTERÊTS.
Draperie, Nouveautés.
Hutin.
Senard.
Varlet.
Bouvry.
Convert.
Deloy.
Hourdequin.
Nivert.
Draperie, Nouveautés.
Paisant.
Romain.
Vignon.
Bouchard.

Arrondissement de Vervins.

VERVINS.
Bonneterie.
Bleibel.
Grave.
Dollé.
Oudard.
Hiblot Venet.
Perin Pissard.
Draps.
Varin fils.
Dubuquoy.
Laporte.
Duflot.
Fleur.
Fournier.
l'Héritier.
Bataille.
Boquet.
Debay.
Lamaure.
Marquet.
Mouslart.
Salmon.
Vieville Besançon.

AUBENTON.
Draperie, Nouveautés.
Agutte.
Boudreaux.
Deligne.
Lemaire Grimpret.
Menu.
Denis Muloteaux.
Viget.
Vibert.
Colin Denis.

BUIRONFOSSE.
Nouveautés.
Hazard.
Moreau.

LA CAPELLE.
Draperie.
Coulon.
Jars.
Rigot.
Azambre.
Hangion.
Rouennerie, Nouveautés.
Jacquet.
Lorne.

GUISE.
Draps.
Bourgeois.
Dorigny Pruvost.
Bisson.
Gauchet.
Tordeux Warnesson.

HIRSON.
Draps.
Duvergée.
Gouverneur.
Herraux Locet.
Leclerc.
Lalouette.
Loth-Anciaux.
Fossier.
Fosty.
Ravaux.
Racinfosse.
Telinge.

NOUVION.
Draps.
Coudron fils.
Fossier fils.
Lavisse Levant.
Monvoisin Dubois.

PLOMION.
Draps.
Landais.
Tordeux.
Vermont.

SAINS.
Draps.
Cremont.

Dumont.
Dessons.
Odiaux.

ETREUX.
Nouveautés.
Basuyaux.
Caron.

Defaucheux.
Defontaine.
Mora.

Département de l'ALLIER.

Arrondissement de Moulins.

MOULINS.
Mercerie.
Bonneau.
Ghoquet fils aîné.
Damet.
Gayon.
Lefort fils.
Bonneterie.
Moutillet.
Saulnier.
Toupriant.
Bardin et Secrétin.
Bernard.
Nouveautés et draps.
Chamedet.
Charvy.
Cogordan.
Bonguis.
Dreux.
Fayel.
Gandouf.
Golliand.
Guy.
Mortreuil.
Outin.
Rousseau et Clairefond.
Teuntz.
Trepied (A.).
Volat.
Pic.
Driguet.
Mège.
Brunet fils aîné.

BOURBON-LARCHAMBAULT.
Draps.
Garnier.
Gras.
Julien.

SOUVIGNY.
Draps, Toiles.
Collas.
Mathé.

Arrondissement de Gannat.

GANNAT.
Draps.
Gonnart.
Guyot, Guitard, Thomas.
Faugères.
Valate.

SAINT-POURÇAIN.
Draps.
Arnaud.
Aujanne.
Blazy.
Judet.
Lebel.
Rouennerie.
Deschamps.
Dumet.
Becat.
Toiles.
Dejoux.
Jalinier.
Lajoncière.

Arrondissement de Montluçon.

MONTLUÇON.
Draps.
Adam.
Lachaume.
Pelletier.
Pic.
Poulton, Guillon.
Marinche.
Crapelard.
Godin.
Gorce.
Lagrave.
Haugastier.
Desevaux.
Jourdain.
Lajonquille.

AINAY-LE-CHATEAU.
Nouveautés.
Bernard.
Desmaison.
Petit.
Robrieux.

COMMENTRY.
Draps et nouveautés.
Deschamps.
Favier.
Grenier.
Jourdain.
L'Esprit.
Meige.
Raon.
Leotard.

LE TRONÇAIS.
Draps.
Augaud et Michelin.

Arrondissement de La Palisse.

LA PALISSE.
Draps et Rouennerie.
Albert.
Arnaud.
Barrier.
Leotier.
Bayard.
Sujobert Fournier.

CUSSET.

Nouveautés.

Bassot, Vivaire.
Brasey et Baille.
Cassard.
Combes, Fontenelle.
Descages.
Lemoine.
Maussang.
Roux, Dourniers.
Barthelot, Vagoulet.
Villard.
Petit.

Département des ALPES (BASSES)

Arrondissement de Digne.

DIGNE.

Draps.

Ailhaud.
Arnaud.
Comte (veuve).
Guirandy.
Petit.
Jorioz et Ce.

CREOULX.

Nouveautés.

Charruy.
Meunier.
Neuvière.

MOUSTIER.

Négociants.

Espitalier.

RIEZ.

Draps et Rouennerie.

Berge.
Coulombe.

SEYNE.

Draps.

Mallet.

Toiles.

Daniel.

VALENSOLLE.

Négociants.

Bastide.
Bœuf.
Lazare.
Maurel.

Arrond. de Barcelonnette.

BARCELONNETTE.

Rouennerie.

Chaud.
Maure.
Pellat.
Rougon.

Arrond. de Castellanne.

CASTELLANNE.

Nouveautés.

Gaymard frères.
Martigny.

ANNOT.

Draperie.

Mollard.
Roux.

Arrondissement de Forcalquier.

FORCALQUIER.

Draperie et Nouveautés.

Arnaud.
Bremond.
Coupier.
Duperier.
Guigues.
Villeprend.

MANOSQUE.

Draps.

Amoureux.
Avril.
François François.
Juliany.
Paris.
Mille.
Eyries.
Mesclès.

SAINT-ÉTIENNE-LES-ORGUES.

Draps.

Coupier.
Guigues.
Dulme.

SAINTE-TULLE.

Négociants.

Robert.

Arrondissement de Sisteron.

SISTERON.

Draps.

Bertin.
Gastinet.
Sarlin.
Tureau.

Département des ALPES (HAUTES).

Arrondissement de Gap.

GAP.

Draps, Rouennerie, Nouveaut.

Boyer,
Chaud.
Josseaud.
Pellerin.
Ricou sœurs.
Rouy.
Sambain.
Sibourd.

Mercerie.

Baudray frères et Armand.
Antoine.
Jeffredo.
Jacques.
Thibière et Ce.

Toiles.

Mercier.
Céas.
Gondet.
Magallon.
Blanc.

Tailleurs-fournisseurs.

Agostini.
Gaillard.
Fauchot.
Pierron.
Sauva.

SAINT-BONNET.

Draps et Toiles.

Bresson.
Blanc.
Nouguier.

SERRES.

Merciers.

Justin.
Barillon.
Regnier.
Delaup.
Samuel.

VEYNES.

Merciers.

Sarrubert.
Mathie,
Risoul.

Arrondissement de Briançon.

BRIANÇON.

Draps.

Brunet.
Carlhian.
Bompard.
Travail.

MONETIER.

Merciers.

Jourdan frères.

SALLE.

Draps.

Barrec père.
Jaubert jeune.
Merle père.
Monier frères.

Arrondissement d'Embrun.

EMBRUN.

Draps et Toiles.

Troupel.
Favre et Give.
Bucelle.
Escallier Marcellin.

CHORGES.

Draps.

Didier.
Guien Lussignol.

Département de l'ARDÈCHE.

Arrondissement de Privas.

PRIVAS.

Draps.

Audibert.
Celse.
Chambouleyron.
Dumas.
Durand.

APS.

Draps.

Vaville.

AUBENAS.

Draps, Rouennerie.

André.
Auzas.
Banse.
Bonnet Boutheau.
Brousse
Chalendar.
Chambarlhac.
Charbuset.
Chavane.
Couderec.
Dechanel.
Dumas.
Fanaud.

Fournier Adrien.
Gimont.
Heyraud.
Jolivet.
Benoit.
Mazet.
Mazoyer.
Gigon.
Mollier.
Mallin.

Draperie, Nouveautés, Rouenn.

Pansier neveu.
Pansier oncle.
Solie.
Villeneuve.
Violette (veuve).
Violette.
Vouland.

BOURG SAINT-ANDÉOL.

Draperie et Bonneterie.

Chenivesse frères.
Coulet.
Labrelly frères.
Pontal frères.
Tournayre et Ribaud.

CRUAS.

Draps.

Guilhon.

FLAVIAC.

Nouveautés.

Demichaux.
Gamet.

GLUIRAS.

Nouveautés.

Villard.

MARCOLS.

Draps, Nouveautés.

Rochier.
Florentin.

MEYSSE.

Draps.

Thoynet.

SAINT-PIERREVILLE.

Draps.

Aimé.
Cotte.
Moulin.
Planet.
Veny.

VILLENEUVE.

Draps.

Bertoye frères.
Moulin
Tourette.
Villedieux.

VIVIERS.

Draps.

Jacquin.
Carle.
Guignon.

VOULTE.

Draps.

Bax.
Grangeron.
Prefot.

Arrondissement de Largentière.

LARGENTIÈRE.

Draps.

Eldin.
Guignon.
Mouraret.
Payan.
Ranc.
Rouveire.
Penot.

Toiles.

Lapierre (veuve).

JOYEUSE.

Draperie, Rouennerie.

Begot-Rieux.
Dubois.
Dumas.
Flandin.
Pertus.
Pontiez.
Reboul.
Sauvat.

MONTPEZAT.

Draperie, Toiles.

Armand.
Echalier.
Faurat (A).
Faure (L.).

VALON.

Rouennerie, Draperie.

Hugon.

LES VANS.

Rouennerie, Draperie.

Bonet.
Feljas.
Flandin (Eug.).
Flandin et fils.
Froment.
Roche.
Valadier.
Vitalis.

Arrondissement de Tournon.

TOURNON.

Draps, Toiles.

Bruyas.
Colomban.
Gervat-Maurice.
Robert et Fertoul.
Sauvajon.
Astier
Blachère.
Gannet.

Mercerie et Nouveautés.

Grel.
Tiollat.
Vilat.
Germon.
Gammgier.
Jacquand (veuve).
Payot.
Rochegrosse.
Saniel.

ANNONAY.

Modes et Nouveautés.

Charnaud père et fils.
Chornel.
Girard aîné.
Badin Vallon.
Bard.
Blanc.
Darnond.
Dubois Rognon.
Kramer Perrier.
Mealognier Vallon.
Pouzol.
Ribolon frères.
Robert et Terrasson,
Valet Cluas fils.
Vergier.
Vidon frères.

Nouveautés et Mercerie.

Billon.
Bonnardel frères.
Briançon frères.
Chabannes.
Doutre.
Duranton Tollon.
Johanis Astier.

CHAYLARD.

Négociants.

Besset.
Dallary.
Héritier (veuve).
Malartre.
Jonac.
Praupuy.

SAINT-FÉLICIEN.

Draps et Toiles.

Clauzel.
Louvie Paulin.

SAINT-PERAY.

Draps et Rouennerie.

Bouchet.
Jamon.
Millian.

SERRIÈRES.

Draps.

Besson.
Brun.
Chatanier.
David.

Département des ARDENNES.

Arrondissement de Mézières.

MÉZIÈRES.

Draps et Toiles.

Lambert.
Delillemanne.
Gilet Boucher.

Nouveautés.

Rossignol.
Marchand.

Tailleurs.

Husson.
Théobald.

CHARLEVILLE.

Draperie et Rouennerie.

Stavelot Alexandre.
Blanchet Midoux.
Cheruy.
Collin Charbonnier.
Colson et Vautrin.
Creton.
Fournier Henry.
Jacob-Pêtre.
Stavelot sœurs.
Vasseur Jacob.

Mercerie.

Blanchet.
Debieuve Anceau.
Demaison Allard.
Desvé Laurent.
Morel, Goret et Roussillon.

Tailleurs.

Cremere.
Dervaux.
Lefèvre.
Derache.
Pocheux.
Regnier.
Warin.
Muller.

Toiles.

Sarrazin Lallement.
Floquet Thélingue,
Rey frères.
Sophie (Mlle).

MONTHERMÉ.

Rouennerie.

Hennon Gallet.
Cornu Molasse.
Hennon Castelin.

Arrondissement de Rethel.

RETHEL.

Draps.

Aubas Bertrand.
Charlier.
Collard Verzeaux.
Courtois Renaudin.
Laureau Paulus.
Vannetelle.

Mercerie.

Jacquemin.
Mayot.
Larquay-Duchène.
Lebrun.
Michaux.
Pierron.
Toussaint.
Villain.

CHATEAU-PORCIEN.

Draps et Toiles.

Meurant.
Mitteau Pasté.

VASSIGNY.

Draps et Toiles.

Canard Satabin.

Arrondissement de Rocroi.

ROCROI.

Draps.

Caruel Bourdon.
Coutan.
Warnier Viart.

AUVILLERS-LES-FORGES.

Rouennerie.

Duflo.

FUMAY.

Rouennerie.

Nanquette-Hamède.
Plançon.

GIVET.

Draps.

Bernard-Desveaux.

Chapuis.
Doyen-Davaux.
Fesler.
Ploumier-Penasse.
Sohet.
Vandois.
Dave.

Arrondissement de Sédan.

SÉDAN.

Draperie et Rouennerie.

Demaisson.

Nouveautés et Rouennerie.

Harlay-Hemmel.
Lecomte-Charlier.
Malinet.
Perseval.
Ponsardin.
Raux.
Pierrot.
Mary.
Meleux et sœur.
Chretien.

Merciers.

Fleury.
Mathin-Girard.
Lenoble-Verquin.

Nouveautés.

Bresly.
Jobert.
Bidot.
Briet.
Buffet.
Jarlot.
Pommerelle.
Flerand.
Lefort-Brioté.
Maliat.

Tailleurs.

Poncardin.
Schneider.
Tonnelier.
Toussaint.

CARIGNAN.

Draperie et Rouennerie.

Bosquet.
Gerard.
Jonet.
Legris.

MOUZON.

Rouennerie.

Villemain.

Arrondissement de Vouziers.

VOUZIERS.

Draps.

Beginet Jaunet.
Bouchereaux.
Husson-Pelerant.
Oudet.

ATTIGNY.

Draps.

Boudard.
Coche.
Duchène.
Jurion.

GRANDPRÉ.

Draps.

Codet-Courboulis.
Manset.
Lechesne-Mansiaux.

Rouennerie et Nouveautés.

Godet-Leroux.
Nizet-Gouzelle.

BILLY-AUX OIES.

Draps.

Lenfant-Duhal.

TERMES.

Draps.

Boulaire-Emmanuel.

Département de l'ARIÉGE.

Arrondissement de Foix.

FOIX.

Draps.

Cassé.
Fauré.
Font aîné.
Guichard.
Meunier.
Lafont.

GABANNES.

Négociants.

Bonnans

AXE.

Nouveautés.

Lamoisens.

LEVELANET.

Rouenneries.

Baudru.
Bourel.
Gaborou.
Guimbal.
Jacquemin.
Siadoux.
Croux et fils.
Dastels.

TARASCON.

Rouenneries.

Echenne.
Gaubert.
Danjean frères.
Mallet.
Pajol.
Cabé.
Lacoume.
Dax.

Arrondissement de Pamiers.

PAMIERS.

Draps.

Durieu et compagnie.
Coutarde.
Roussel.
Albjac.

Nouveautés.

Cairol.
Durand.
Escalle.
Sabatier.
Soulié.

Soiries.

Becade.

ROQUES.

Nouveautés.

Poussin fils.
Sage jeune.

Arrondissement de St-Girons.

SAINT-GIRONS.

Négociants.

Font Charles.
Forgues.
Olivier.

Toiles.

Pujol.
Dalca.
Montaut.

MASSAT.

Toiles.

Rouaix.
Rufflé.
Servat.

USTOU.

Négociants.

Pagès fils.
Baufast.

SEX.

Draperie et Nouveautés.

Bertrand.
Bouch (Et).
Dessort.

Département de l'AUBE.

Arrondissement de Troyes.

TROYES.

Draperie.

Thuillier Audiffred.
Aubry Lemoigne.
Boué.
Danton Joly.
Giraud Pinard.
Jouault Lemoigne.
Lacouture Duchat.
Leriche.
Simplot fils.

Merciers.

Carré Faux.
Chardon.
Darirée.
Guiller.
Jouanne.
Marinot Germette.
Thullier Masson.

Nouveautés.

Forgeat.
Lambert.
Langlois.
Bigen.
Truchy Chauvise.
Raclot.
Pesme Fondard.
Poupart.
Vry Favette.

Vanier Gros.
Gagon.
Gaucherot.
Martin.
Pigeotte.
Sergent.

Rouennerie et draps.

Dalbaume Fleury.

Tailleurs.

Bonbon Saleron.
Cotel Frédéric.
Greslon.
Lambert Boisnot.
Luer Greslon.
Mayer Frédéric.
Deheurles-Guilain.

Toiles.

Legrand.
Ruffert Hérault.
Maüs.
Marot et Royer.

AIX-EN-OTHE.

Nouveautés.

Decens Huot.
Decens Fosse.
Hennequin (Onézime).

AUXON.

Draps.

Mallet Arsène.

ERVY.

Draps.

Buridan Depoix.
Chatron.
Friedman (N).
Guerry Michaud.
Mehinotte (F. M).
Roblin.
Ussanaz Massin.

PINEY.

Draps et Rouennerie.

Gay Victor.
Henrion.
Verluise.

RIGNYLE-FERRAN.

Négociants.

Delaune.
Deschamps.
Hedange.
Salomon Lagogaey.
Quincarlet.

Arrondiss. d'Arcis-sur-Aube.

ARCIS-SUR-AUBE.

Draps, Rouennerie, Toiles et Nouveautés.

Bouquet Lacroix.
Bourgoin-Regnault.
Carlet-Soinoury.
Jacquin.
Leroide.
Ludot-Lasnier.
Prieur.
Rivière-Jeannet.
Soinoury-Denevers.
Bigot-Vallat.
Quignard-Pel.
Sinoury-Lefèvre.

CHAVANGES.

Draps.

Brochon-Fayolle.
Daunay.
Huguenin.
Vagbeaux-Jallier.

RYLLY-SAINT-CYRE.

Bonneterie.

Blasson.
Blasson-Fléry.

Arrondiss. de Bar-sur-Aube.

BAR-SUR-AUBE.

Draps et Rouennerie.

Formont Victor.
Minot-Maillard.
Monniot-Lapré.
Legrand.
Chrétien-Hû.

Marchands Tailleurs.

Pathiot.

Nouveautés.

Mutel.

Toiles.

Duport (veuve).

Mercerie.

Margaine Ferant.
Parey-Crepet.
Crepet-Crepet.
Foissy sœurs (Mlles).

Modes.

Rigolot-Picardat.
Mauperrin (Mlles).

BRIENNE.

Draps et nouveautés.

Etienne.
Ficatier.
Legrand.
Vaillon (E).
Robert.

VENDEUVRE.

Draps.

Robert.
Collinet.
Fontanier.
Guichard.
Hault (Léopold).

Arrondiss. de Bar-sur-Seine.

BAR-SUR-SEINE.

Draps et Nouveautés.

Beaudé L'Abbé.
Benoist.
Loyson.
Millon.
Sordes (Mlle).
Vaillant.

Mercerie.

Millon Rigny.
Viauld.

CHAOURCE.

Draps et Rouennerie.

Gauthier Mery.
Burguignat.
Cheurlot.
Pidansat.
Viardot.

LES RICEYS.

Draps.

Bazin.
Berrod.
Boucherat.
Retorna.
Socard.

Arrond. de Nogent-sur Seine.

NOGENT-SUR-SEINE.

Draps.

Ancelot.
Bisson.
Pichard.
Vagou.

Merciers.

Desportes.
Fadin.
Garousse Cuissard.
Garousse.
Gillon.
Harmant.
Thery.

Nouveautés.

Thoreau Delaunay.
Thoreau.

ROMILLY.

Draps.

Boudras.
Boyer Noury.
Lariot.

VILLENAUXE-LA-GRANDE.

Draps.

Penotet.
Delostal Cordier.
Robert Villuis.
Bourbonneux.
Linsard.
Michel.

Département de l'AUDE.

Arrondissement de Carcassonne.

CARCASSONNE.

Draps et Nouveautés.

Allard (veuve).
Bastoul (A).
Caffort.
Combes.
Dusseau et Jourdanne.
Fourès Carles frères.
Gouiriè.
Marfan frères.
Marty.
Mulot.
Moula.
Oustric.
Peyre.
Resch Escudies.
Sorel frères.
Teulou.

Lingerie, Nouveaut., Mercerie.

Auriol sœurs.
Gros (Mlle).
Pradel (id).
Teulon (id).
Vergnes neveu.
Laroque sœurs.
Jourdan.
Tacide.
Donadieu.
Vignier.
Pistre.
Ramel.
Rome-Cadet.
Roumens Barbe.
Roumens Alcide.

MAS-CABARDÈS.

Négociants.

Sablairoles.

PEYRIAC-MINERVOIS.

Toiles.

Horety.
Talavigne.
Tournier.

RIEUX-MINERVOIS.

Draps et Toiles.

Lacroix.
Favre.
Masse.

SAISSAC.

Négociants.

Joffre.

TRÈBES.

Toiles.

Ramel.

Arrondissement de Castelnaudary.

CASTELNAUDARY.

Draps.

Borrie.
Guyot.
Lagarde fils.

Mercerie.

Toursier.
Boch (G).
Caldairon fils et Ce.
Ecpinasu.
Marie.
Rigail.

Nouveautés et Toiles.

Regis.
Barthe.
Durand Cherrières.
Cécile Lavoye.
Lartigue.
Labeauté.
Galabert et Garries.

BELPECH.

Merciers.

Gaubert.
Massou.
Rouquet.
Vallez.

Arrondissement de Limoux.

LIMOUX.

Draps et Nouveautés.

Bourrel.
Canavi.
Gellis.
Ginet frères.
Labourmène.
Lafilhe.
Marty, née Bels.
Noy.
Petit.
Vaysse.

Toiles.

Faure.
Jean dit Ruffat.

CHALABRE.

Draps et Rouennerie.

Roque.
Tournié.
Dives.

COUNOZOULS.

Draps et Mercerie.

Barrière fils.
Spezel.
Allard.

QUILLAN.

Nouveautés et Draps.

Courtate.
Faure.
Ferriel.
Hagès.
Rey.

RIVELS.

Négociants.

Pont.
Rollant.

Arrondissement de Narbonne.

NARBONNE.

Draps et Toiles.

Arnaud.
Rivals.
Gleize.

Barbaza.
Bertrand.
Bringuier.
Cathala.
Espallac.
Favatier.
Mailhac.
Poursine.
Sarrière.
Seguy.
Serres.
Tourel.

FABREZAN.

Négociants.

Peyrière.
Marmotan.

NOUVELLE.

Négociants.

Marty et Parazols.

SAINT-NAZAIRE.

Draps.

Bluyau.

SIJEAN.

Draps et Bonneterie.

Deilteil.
Granier.
Bonnet (J).

Département de l'AVEYRON.

Arrondissement de Rodez.

RODEZ.

Draps, Rouennerie.

Cayrade et Ce.
Dijol (veuve).
Glandine.
Marcenac.
Nicolas.
Palons.
Rudelle et Lacroix.

SAUVETERRE.

Négociants.

Caussanel.
Loupias.

Arrondissement d'Espalion.

ESPALION.

Draps.

Conquet.
Conquet neveu.
Galbiaty.

SAINT-GENIEZ.

Draps.

Aragon.
Mignonac.
Vilaret.

Arrondissement de Milhau.

MILHAU.

Négociants.

Benoit.
Bracillet.
Gros
Prevot.
Robert et Verneth.
Virazel.

Arrond. de Sainte-Affrique.

SAINTE-AFFRIQUE.

Négociants et Merciers.

Founol et Castan.
Girbal.
Mathieu Teissié.
Boyer (F).
Favre.
Thomas.

Arrondiss. de Villefranche.

VILLEFRANCHE.

Draps.

Caussanel.
Faulquier.
Laroussie (veuve).
Loupias.
Nouailles fils.
Rouch.
Pozoul.
Prompt.
Rouzier.
Bessières.

Département des BOUCHES-DU-RHONE.

Arrondissement de Marseille.

MARSEILLE.

Bonneterie.

Arnaud née Guizon.
Bouvier fils aîné.
Causadias jeune.
Dispot.
Faybesse.
Fournet.
Gérard.
Grand-Rousse.
Guérin et Pélissier.
Jalagnier et Bourgarel.
Malbos-Durand.
Margailhan et Ce.
Michel.
Raymond.
Raymond cadet.
Sauvan.
Zilon.

Habillement et confectionnement.

Enry.
Laval et Ce.
Gautier et Ce.

Indienne et Rouennerie.

Alliès.
Audivret.
Armand Pons.
Barthélémy jeune et sœur.
Borel.
Breyton.
Brun et Ce.
Cabasson.
Camoin.
Chabrier, Thèbes et Ce.
Constant (Mlle).
Dumas jeune.
Emeric, Monge et Ce.
Eynesie.
Fagot, Perrefeu et Rocoplan.
Gardebois (veuve).
Gras.
Guelin (veuve) et Capel fils.
Guerard.
Jourdan (Mlle).
Jouve.
Lacombe.
Lanteaume.
Levesy et Julien.
Marchand frère et Trombouse.
Marcorelles.
Marian (Etienne).
Matheron.
Maunier.
Mege et Garim.
Olive.
Ollivier.
Pascal (Mlle).

Pegna.
Robert.
Rampal (veuve).
Roustan.
Roux jeune.
Seguy.
Sues.
Vaisse (Victor.)
Verled et Ravel.
Veve (Mlle).
Paul et Ce.

Nouveautés, Lingerie et Toiles.

Ballestrazzi.
Beguerry.
Blanc et Spiriot.
Bigore.
Bloch-Gomez.
Bouis jeune.
Bouis (Louis).
Camoin fils.
Chaix et Michel.
Cohen David.
Constantin.
Daugbuière et Flachaive.
Mazeran.
Durocher (veuve).
Eyssantie frères.
Gantheaume.
Gorrand.
Kerbriant.
Loire.
Maran-Guibert.
Meyssel.
Michel jeune.
Michel (Paul).
Nicolas (André).
Noble.
Rodier-Feuillaitre.
Rouscard et Ce.
Soulié, Esprit, Spiricot et Ce.

Deuil.

Tissu.
Tribot-Paillet.
Valier et Ce.
Vial et Paul.
Toulouse (veuve) et André.
Viry sœurs.

Indienne et Rouennerie.

Arnaud (Hipp.).
Chaive (veuve).
Faure-Humbest.
Félix Lave.
Gusanion.
Jambom.
Cauzero et Lagrange.
Morveau frères et Leroy.
Porte (L.).
Rampal (Michel).
Raynaud Bonin.
Signoret frères.
Tissot Leruis.
Velleger.
Didier Costal.
Postal, Delord et Ce.
Roche Barbaroux.
Rouard et Ce.
Allègre et Ce.
Baudoin et Martin.
Bouché aîné.
Camoin.
Capefigues Bonnefoy.
Chastan.
Dupin.
Eynesie.
Fagot, Pierrefert et Roqueplan.
Maurin.
Olive, J. Couve.
Patac.
Pascal père.
Rampal père.
Roudier.
Vial aîné.
Viair.

AUBAGNE.

Toiles.

Brunet (Mme).

CIOTAT.

Draps et Mercerie.

Beaudoin.
Benet.
Marin.
Toubert.
Debergne.
Ribert.

Arrondissement d'Aix.

AIX.

Draps et Nouveautés.

Blanc cadet et Ce.
Hurel (J.).
Gasc (Ve-He).
Rouchère Guigne.
Oneil.
Fabre et Martin.
Jonyne et Cabussert.
Agnelly.
Ainaud et Ce.
Beisson fils aîné.
Blanc aîné.
Carcassonne, Cuiller et Ce.

Tailleurs.

Hotzel.
Levallois.
Leydet.
Fayeux.
Valentin.

GRANS.

Négociants.

Cartier.
Jauffret.

LAMBESE.

Draps et Nouveautés.

Aude (Mlle).
Chateauneuf.
Gay.
Merle.
Teisser père.
Teisser fils.

MARINES.

Etoffes.

Audibert.
Cartie.
Gouin Moulin.
Jeanthial.
Martin (A).

SALON.

Draps.

Alphandery (L).
Alphandery (S).
Blanc.
Crousillat (P).

Mercerie.

Blanc.
Jauffret.

TRÊTS.

Merciers.

Baux aîné.

Arrondissement d'Arles.

ARLES.

Draperie, Nouveautés, Toiles.

Chamanier (veuve).
Chamanier (A).
Chamanier (J.-J).
Fabre Lombard.
Lalmand.
Montel (veuve).
Montel (M).
Mossé.
Moyer.
Giraud Pocydore.
Layet (Mlle).
Ranchierblanc.
Raybaud fils.
Richard fils
Roquemartin.
Rousseau fils.
André (Mme).
Carmaniole.
Monteux.
Ricard.

CHATEAU-RENARD.

Draps.

Chabrier.

Deleuze.
Roydellet.

EYGUIÈRES.
Draps.
Bayrole.
Fabre.

ORGON.
Négociants.
Aillaud.
Audreir.
Dumond.
Hilaire.

SAINT-RÉMY.
Nouveautés.
Mistral.
Chastel.
Jasseda.
Millaud.

Arrondissement de Tarascon.
TARASCON.
Draps.
Achard.
Blunval et Ce.
Gaz (veuve).
Mauson.
Maquet.
Vial.
Vignaud.
Girard (Mlle).
Marche (Mlle).
Pichon (Mlle).
Toiles et Rouennerie.
Cremieu Bezier.
Gazemillaud.
Cartier,
Merciers.
Bournier.
Genella.
St-Bonnet.

Département du CALVADOS.

Arrondissement de Caen.
CAEN.
Draperie, Nouveautés.
Baudroy.
Bunel.
Castee.
Foucher et Tinard.
Jumel.
Lefèvre.
Lenoble et Ce.
Magron.
Manchon.
Paquin.
Soye et compagnie.
Vauquelin (Jules).
Bourgeois.
Delaunoy.
Denise (Mlles).
Mercerie.
Desvoies.
Pagny.
Hébert.
Guillonet.
Leport Renard.
Lathellier Noury.
Margueritte (E).
Mercier.
Polin.
Nouveautés.
Leroy.
Lafosse.
Alle.
Gibau.
Angot.
Colson.
Desruisseaux.
Hulin.
Vauquelin.
Danneville.
Cheillout.
Berthellot.
Henrin.
Confection.
Lafosse.
Rouennerie.
Ferray.
Lavollay aîné.
Lecarpentier.
Nicet.
Perrotte jeune.
Roussel frères.
Toiles.
Bellecroix.
Dubosq.
Fanet.
Gosselin.
Bonneville.
Gost.
Henry.
Marescal.
Boudry.
Delaporte.
Fontaine.
Hardy, (A).
Lepetit.
Loison dit Marie.

ARGENCES.
Draps et Toiles.
Cailloue.
Edeline.
Hervieu.
Pitrou.

COURSEULLES-SUR-MER.
Nouv., Mercerie et Bonneterie.
Benoit.
Bunel.
Hesnard.
Gibou.
Lemonnier.

Arrondissement de Bayeux.
BAYEUX.
Bonneterie.
Angerard.
Guillemette.

Lemoigne.
Lorillu.
Pain Lair.
Thrieulin Michel.

Draps et Mercerie.

Couillard aîné.
Hergast Marie.
Lafosse.
Lebaron et Vantier.
Lecoq.
Letortu Letellier.
Marie (veuve).

Rouennerie.

Bisson.
Hellain Halley.
Vérolle.

Tailleurs.

Couilhon.
Eudelin.
Feville.

BALLEROY.

Nouveautés.

Alexandre.
Haridel.
Monceaux.

CAUMONT.

Négociants.

Leprince.

ISSIGNY.

Draps.

Lebarbier.
Levigoureux.
Paris.
Poisson (veuve).

Toiles.

Agnès.
Gourdy.
Lebreton.
Leledier.
Leneveu.

RYERS.

Mercerie.

Cacquesnès.

TREVIÈRES.

Mercerie.

Basley.
Guéri.
Niobey.
Pantin.

FALAISE.

Draps Nouveautés, Rouennerie.

Adigard.
Dubosq Manoury.
Foubert.
Garnier.
Gauche Davois.
Legendre.
Léon Martin.
Mallet et fils.
Marie Mare.

Tailleurs.

Crépin.
Dufour.
Etienne.
Herbinière.
Lebally.
Loudière.
Olivier Gaudon.

Hautes Nouveautés et Toiles.

Legendre.
Jouin.
Baudet.
Bertrand.
Deloge.
Lelarge.
Lemaître Louis.
Tillot.

Arrondissement de Lisieux.

LISIEUX.

Bonneterie.

Caval.
Legagneur.
Marais et Roux.

Mercerie.

Courel.
Penel.
Dolbec.
Bouteillers.
Chesnel.
Champel.
Heucher Carré.
Hoquet Lainé.
Letellier.

Nouveautés, Draperie.

Héribel.
Saint-Denis.
Tonnelle.
Delalande Fontaine.
Delalande Thibaut.
Duchesne.
Ledornoie.
Levalet.
Rebut.
Thévenin.
Lambert père.

Tailleurs.

David.
Doucet.
Léon.
Salle.

BEUVILLERS.

Toiles.

Laniel.

ORBEC.

Bonneterie.

Bacon.
Guerbette.

Draps.

Lecoq.
Moissard.
Noël.

SAINT-PIERRE.

Draps et Toiles.

Briand.
Coulibœuf.
Thézard.

Arrond. de Pont-l'Evêque.

PONT-l'EVEQUE.

Draps.

Bonnefoi.
Dupont (Mlle).
Fournier.
Gravois.

Mercerie.

Alix.
Blotières (Mlle).
Legous.
Vautier.

Nouveautés.

Planque.
Richomme Dufresney.

HONFLEUR.

Draps, Nouveautés.

Bailchache.
Fossey.
Huerl.
Housset.
Manneville.
Vesque (B).
Vesque.
Truant.
Magnan.
Becquet.
Erard.
Hépineuse.
Lerebours.
Legouix.
Chardey.

Arrondissement de Vire.

VIRE.

Bonneterie.

Onfroy.
Siquot.
Armand Robert.
Ballé.

Draps et Nouveautés.

Bigot.
Collace.
Couillard.
Duchemin Scelle

Couilleau.
Lebrun Bigot.
Marie.
Mauban.
Polinière.
Robert.
Saint-Nicolas.
Salle.
Savary.
Sardin.
Beaumont.
Hamel Vivier.

Mercerie.

Levavasseur.
Hamel Rouvet.
Lioult et Queillé.
Vivier.

Rouennerie.

Ave Rammenye.
Huvé.

AULNAY-SUR-ODON.

Toiles.

Rabache.

BERNIÈRES.

Nouveautés.

Lavoivenel.

CONDÉ-SUR-NOIREAU.

Nouveautés.

Barette.
Courgenen.
Delalanne.
Gras.
Lainé. J.
Chanet.

Merciers.

Derenlot.
Laclanée Decauville.
Miodet.
Lefermier.

Rouennerie.

Le Bouché.
Lorysel Auguste.
Loysel Durandière.
Roger.

VASSY.

Merciers.

Lemarchand fils.
Lemarchand (M).
Rault.

Département du CANTAL.

Arrondissement d'Aurillac.

AURILLAC.

Draperie, Nouveautés.

Carcenac.
Fel.
Lacarrière.
Moisonobe.
Miquel.
Perthuis.
Pichot.
Baldayroux.
Caylar.
Desbaux.
Forget.
Terisse.
Vingtain.

Rouennerie.

Charbonnel.
Loussert.
Raynaud.
Carcuard.

MAURS.

Draps.

Labarthe.
Marcenac.
Palis.
Gourdon.

Toiles et autres.

Lavergne.
Négrié.
Pontié.

MONSALVY.

Draps, Nouveautés

Bastide et Picou.

MAURIAC.

Draps, Nouveautés

Jacquemin.
Violle.
Ternat.
Delsol.

PLÉAUX.

Draps

Chantegreil.
Delfrayssi.
Ribier.

Arrondissement de Murat.

MURAT.

Draps.

Dellac.
Estieu.
Taillandier Salzac.
Taillandier Vigier.
Vigier.

ALLANCHE.

Draps, Toiles.

Catinaud.
Faradesches Chobasses.

Arrondissement de Saint-Flour.

SAINT-FLOUR.

Draperie.

Bonnefoix.
Chirol.
Delros Migne.
Saraille.

Soubrier.
Nogade

Mercerie.
Amagat.

Ravous.
Roudil.

Département de la CHARENTE.

Arrondissement d'Angoulême.

ANGOULÊME.

Bonneterie, Rouennerie, Draperie et Nouveautés.

Mallet.
Boilevin jeune.
Barruel.
Coursat.
Grangelardieu.
Labesse.
Mallat Chambonneau.
Rouges.
Texier (Ch.).
Bujaud (veuve) et Comprix.
Guignard.
Lavigne Simonnet.
Moitié.
Roy.
Paintot.
Brout Perrain.
Brout (L.) et Ce.
Tournier.

Merciers.

Vignaud.
Ancelin.
Chenard (Aug.).
Debry.
Delage.
Duguet Fleury.
Fretillier.
Guérin frères.
Guine Follant et Goulnard.
Nadaud Lalande.
Poitevin (veuve).
Texier Poutignac.

Rouennerie.

Cerbelot.
Guillet.
Perrain.
Tixier Genain.

Toiles.

Vedier Magnant.
Vignon Tommeret.
Vignon Vinsac.

Tailleurs.

Benoit Despesse.
Chenaud Nantaise.
Davias.
Davias,
Goursat (L.).
L'Abbey.
Lafosse.
Lassabe.
Marchais.
Negmark.
Hery.

HIERSAC.

Draps.

Pascaud.

PUYMOYEN.

Mercier.

Glerfeuille.

Arrondissement de Barbezieux.

BARBEZIEUX.

Draps, Nouveautés.

Dubois et Ranvillet.
Fayet.
Thomeret et comp.
Vallette frères.
Saumaitre.

BAIGNES.

Négociants.

Baudoin frères.
Blanlœuil.
Boisson.
Cherion.
Debetz.
Gallut et Rognon.
Garnier (veuve).

CHALAIS.

Draps.

Dufour.
Lagarde.
Laprès Chaucherie.

MONTMOREAU.

Draps, Nouveautés.

Delavergne.
Gros.
Michel Bouchier

SALLES DE MONTMOREAU.

Draps.

Thomas.

Arrondissement de Cognac.

COGNAC.

Draps, Rouennerie.

Aubinaud Agard.
Benon Hoccard.
Coulon.
Galocheau Guiton.
Massé.
Normand.
Paillet.
Richard Varin.
Tribot.
Vignon.

Merciers.

Bellot.
Ducourt.
Doisnel.

Nouveautés.

Heraud.
Joubert.
Sauzé.
Raby.

ANGEAC-CHARENTE.
Négociant.
Lacoste.

CHATEAUNEUF-SUR-CHARENTE.
Nouveautés.
Archambeau.
Gautier Charbonnier.
Gautier Desplats.
Hervez et Rabonneau.
Merceron.

SIGOGNE.
Nouveautés.
Raby.

JARNAC.
Draps, Toiles et Nouveautés.
Ballet.
Guillé aîné.
Guillé Étienne fils.
Raby aîné.
Pinaud.

Arrondissement de Confolens.

CONFOLENS.
Draps et Nouveautés.
Cluse.
Devoie.
Durepaire.
Sire.
Fabre.
Tailleurs.
Arnaud.
Bricq.
Davin.
Valladeau.
Merciers.
Cassant.
Couvidat.
Héraudeau.
Petit.

Arrondissement de Ruffec.

RUFFEC.
Draps et Toiles.
Cousin.
Gailreaud.
Guidier Caillaud.
Passios.
Philippon.
Appert.
Gouault Labrousse.
Roy.

AIGRE.
Négociants.
Marche Létang.
Perrain et Courcelles.

MANSLE.
Bonneterie, Draps et Rouennerie.
Laurent Boyer.
Lavaud.
Mallet.
Lermat.

Département de la CHARENTE-INFÉRIEURE.

Arrondissement de La Rochelle.

LA ROCHELLE.
Draperies, nouveautés, merceries et bonneterie.
Fournier.
Perineau aîné et Ce.
Durand (Mlle).
Janson.
Navrancourt fils aîné.
Renard.
Chapron et Cador.
Duboscq.
Galodé.
Auguin.
Bornat.
Corvaissier.
Gury.
Maitre.
Yeron.
Sergent.
Mercerie.
Huas.
Jansot Fagot.
Renaud Leneuf.
Bronchet.
Tailleurs.
Armand.
Beaudry.
Guenier.
Laporte.
Laforie.
Levi.
Pichon.
Poirier.
Throm.

ARS-EN-RÉ.
Étoffes.
Merle.
Pradier Brunet.
Touzeau Rouzeau.

MARANS.
Draps.
Aubert Fargora.
Fargora Debureau (veuve).
Lusseau (A.).
Lusseau (H.).
Perinaud.
Savineau.
Suires.
Bonneau.
Merciers.
Boutet-Borel.
Martin Caillé.
Michelon.

SAINT-MARTIN-DE-RÉ.
Draps nouveautés.
Arnal (Veuve).
Martineau.
Patureau.
Rouzeau.

Fillandeau (Mlle).

Arrondissement de Jonzac
JONZAC.
Draps.
Boffou (Gustave).
Fournier Boumier.
Lafferrière sœurs.

ARCHIAC.
Étoffes.
Panaud Rebillier.
Rebillier (G.).
Virolleaud Puymoyen.

MIRAMBEAU.
Draps.
Genet.
Moran.

MONTENDRE.
Draps.
Rouyer.
Ledoux.
Marchand.

MONT-GUYON.
Nouveautés.
Guilbaud.
Jaffard.

MONTLIEU.
Mercier.
Revers.

Arrondissement de Marennes.
MARENNES.
Merciers.
Andrieux.
Baillet.
Trocmé.
Vitet (E.).

CHATEAU D'OLÉRON.
Draperie.
Baudard.
Larey.
Prieur.

ROYAN.
Draps.
Boullet.
Plantecoste.
Savineau.
Soubeyroux.

SAINT-PIERRE D'OLÉRON.
Draps, merciers.
Allenet et Arnoux.
Daudonneau.
Maurisset et Jeoffroy,

Arrondissement de Rochefort.
ROCHEFORT.
Bonneterie et draps.
Biot frères.
Bertrand.
Dorin.
Lafond.
Pelgé.
Dufaure.
Menant.
Mercier.
Potbier Goulard.
Quoniam.
Rispal.
Vaché.
Nouveautés.
Drouin fils.
Perrichon.
Dumet (Mlle).
Lambert et Courtin.
Léon Masrevery.
Mussey (Mlle).
Rigondet.
Merciers.
Rigondet.
Arennes.
Chaline.
Pelgé.
Rodonet (Jean-Baptiste).

Rouennerie.
Turpault Birolleau.
Tailleurs.
Constant.
Fayolle.
Grimeaux
Hockard.
Martraire.
Palmanc.
Pogu.
Quéjus.
Rougier.

AIGREFEUILLE.
Draperies.
Challou.

MARSAIS.
Négociants.
Girandeau.
Michaud.

SURGÈRES.
Bonneterie, draperie, mercerie.
Chabannier Duport.
Delavaud Pacquier.
Moullier.
Naury.
Vinet.
Caillaud père et fils.
Lefevre.
Lelouis.
Percheron-Lepine.
Thomas.

TONNAY CHARENTE.
Merciers.
Borneuf.
Cadusseau.
Callandreau.
Chaigneau.

Arrondissement de Saintes.
SAINTES.
Bonneterie, draps et nouveautés.
Amandry.
Borreau.
Estieux.
Mallet et Ce.
Coindreau fils.
Tabois.
Vignaud J.-T.
Cosquet.
Gaybelle.
Merciers.
Lecateur.
Durand.
Eutrope et Ce.
Fragnaut.
Menager.
Magne Rougé.
Petit (Mlle).
Toiles, rouenneries et mousselines.
Geay Besse.
Loyer Hocard.

COZES.
Draperie, passementerie.
Brugerot.
Gaborit.
Perdriaut.

GEMOZAC.
Draps, bonneterie.
Cocq père et fils.
Lacatte.

SAUJON.
Draps, mercerie.
Bon,
Coullon.
Lacour.
Lemet.

Arrond. de St-Jean-d'Angely.
SAINT-JEAN-D'ANGELY.
Draps, rouennerie.
Giron.
Proux.
Roland.
Bernard (P.).
Menard.
Vaillard.
Lemet (Mlle).
Mercerie et toiles.
Garcin (veuve).
Latasse.
Mesnard (H.).
Mesnard.
Olivier.
Clément (sœurs).

AULNAY.
Draperies.
Gratia-Pougnet.

MATHA.
Draps.
Burgerolles.
Cornet.
Loiseau.
Nouveau.

SAINT-SAVINIEN.
Draps.
Chigneaud.
Chareire.
Roulin.

Département du CHER.

Arrondissement de Bourges.
BOURGES.
Bonneterie, Draps, Nouveautés.
Bourlon.
Domont Naudin.
Demenitoux.
Gorel Tournoix
Grosset.
Mardesson (veuve).
Mége.
Monteil père.
Pacot.
Pierre père.
Pierre aîné.
Béraud.
Seyré.
Boulaat.
Merciers.
Bruandet.
Guibert Lacaller.
Lebœuf Roy.
Luce (Mlle).
Toiles.
Paupelain Roche.
Mattier Boyer.
Tailleurs.
Drouhant.
Métivet.

AIX-D'ANGUILLON.
Rouennerie..
Mérat.

MEHUN-SUR-YÈVRES.
Rouennerie.
Dutar.
Montailli Poitiers.

VIERZON.
Draps.
Bourdin Maugers.
Bourdin Menagers.
Maugé aîné.
Mauger (J.).
Richetin.
Robin Joubert.
Ignonel.

Arrond. de Saint-Amand.
SAINT-AMAND.
Draps.
Beaudet et Penasse.
Bonnichon Pelletier.
Colas Sadrin.
Daumin et Carrelet.
Giganon.
Imbault.
Périnel.
Thévenard.

LIGNIÈRES.
Nouveautés.
Colin Guitton.
Durondeau (Mlle).
Jacquier.
Laguette (veuve).
Perault.

SANCOINS.
Draps et Toiles.
Hausey.
Jacquet Everat.
Leturc.
Remy.
Sassin.
Merciers.
Bourbon.
Deraigne.
Duchenet.
Paroisse.

Arrondissement de Sancerre.
SANCERRE.
Draps et Toiles.
Rigaud.
Bothereau.
Dion.
Girault.

SANCERGUES.
Draps.
Chadefaux.

Département de la CORRÈZE.

Arrondissement de Tulle.
TULLE.
Draps et Rouennerie.
Borie (A).
Chalvignac.
Feix.
Four.
Toinet.
Vergne aîné.
Vergne cadet.
Mercerie.
Barry.
Brugnière.
Duval (veuve).
Jumel.
Jugé Labesse.
Laborderie fils.
Lagrafeuille.
Peuch (veuve).

ARGENTAT.
Rouennerie.
Charoulet.
Floucaud.
Touron.

TREIGNAC.
Draps et Toiles.
Besse.
Croisille.
Maury.
Pourroy.
Nouaille.

Arrondissement de Brives.
BRIVES.
Draperie, Nouveautés.
Buisson Laverdure.
Charbonnier.
Dejean.
Dupuy.
Greil.
Henri.
Juge et Solzer.
Langlade.
David.
Lafonduroux.
Mage.
Vicant.
Meyjonnade.
Mérigault.

BEAULIEU.
Draperie, Rouennerie.
Beaufort.
Commian.
Estrade.
Morlion.
Segol.

LUBERSAC.
Draps et Toiles.
Charles (Dᵉ).
Dupuy.
Juge aîné.
Padeski.

MEYSSAC.
Draperie.
Claval.
Dumas.
Hugonie.

OBJAT.
Draperie.
Raymond.

Arrondissement d'Ussel.
USSEL.
Draps.
Besse.
Bronde.
Desplas.
Dubernard.
Lombarteix.

BORT.
Draperie.
Brochard.
Feral.
Puel.
Rougier.

Département de la CORSE.

Arrondissement d'Ajaccio.
AJACCIO.
Draps.
Barberi.
Bozza.
Campi.
Forcoli frères.
Forcoli père.
Pugliesi et Ce.
Pugliesi (N).
Forciolo (B).
Merciers.
Barbery.
Bodoy (veuve).
Campi.

CARGÈSE.
Négociants.
Menandri.

SAINTE-MARIE ET SICCHE.
Négociant.
Casanova.
Fico.
Tenneroni.

Arrondissement de Bastia.
BASTIA.
Draps.
Bonava.
Campocasso.
Chersia (F.).
Dominicci.
Marinetti.
Orenza père et fils.
Parent fils.
Podesta (P.).
Sisco.
Viale.

Merciers.
Ajaccio.
Crenza.
Damei.
Guaitella frères.
Saettoni père et fils.

Arrondissement de Calvi.
CALVI.
Draps.
Gandié.
Maberini.
Pittaluga.

ILE ROUSSE.
Draps.
Bregante jeune.
Cordovani.
Costa (J.-B.).
Costa (J.).
Costa (F).
Grazianni.
Mattei (J).
Mattei (M).
Muzio.
Olivi (A).
Olivi.
Poli (F).
Romani fils.

Arrondissement de Corte.
CORTE.
Draps, Négociants.
Angeli.
Castelli Pochon.
Casanova.
Corteggiani frères.
Philippini.
Ordioni.

Orfei.
Stefani.
Parodi.
Prigioni.

Arrondissement de Sartène.
SARTÈNE.
Draperie.
Tavera.
Tavera (D.).
Muzziconacci (A.).
Muzziconacci (M.).
Perruca (Jean).

BONIFACIO.
Merciers.
Bidali.
Carrega.
Cassabienca.
Musso.
Robaglia.
Terezano.
Raggio.
Massardo.

PRETETO ET BICCHISANO.
Négociants.
Colonna.
Rennucci.
Pietri.

PORTO-VECCHIO.
Négociants.
Marini (J.).
Olivieri (G.).
Olivieri (C.).
Scaglia et Pietri.
Viggiani (A.-F.).

Département de la COTE D'OR.

Arrondissement de Dijon.
DIJON.
Bonneterie et Nouveautés.
Angelot Michelot.
Baudin.
Belime Grisot.
Derougric Luce.
Taburet Darras et Varcasson.
Belime Bernard.
Bourjeau.
Dietrick.
Johannard.

Félix.
Carrion frères.
Charton.
Chatouillet et Bourgeon.
Gillot.
Girard Thiébault.
Joliet.
Lallemant.
Lepage.
Panthenet.
Prisset.
Ragoneau.
Molland et Ce.
Ricaud (Joseph).
Robin.
Thiébaut Meulien.
Thiébault.

Merciers.

Borne.
Bornier.
Bouvier Gouin.
Demongeot.
Fertin fils.
Goret Rozey.
Grandchamp.
Mairet.
Moissonnet.
Morius.
Mugnier frère et sœur.
Pichinot.
Petrot Roze.
Richarme.
Tabourot.
Darras et Varcasson.

Nouveautés.

Vesson (veuve).
Magniu.
Decubes Saint-Désir.
Josset.
Renaudin.
Pauld Léante.
Vautier.
Bernard.
Junot.

Rouennerie.

Bilié.
Villiard.
Brocard Truchot.
Chapuis Bertrand.

Tailleurs.

Allotte.
Mallard.
Mallet.
Maurice.
Nagely.
Perrot.
Sauer.
Sauvageot.
Verreaux.

Toiles.

Chauvelot Girard.
Héluin et Gabet.
Humblot.
Lallemand.
Merlin.
Rouhier Chassenot.

AUXONNE.

Draps, Rouennerie et Nouveautés.

Decamp.
Barbier.
Berton.
Corette.
Bouvet (F.).
Baudry Rollet.
Buisset.
Feuillebois.
Foignet.
Oudot Luce.
Bégrand.

MIREBEAU-SUR-BÈZE.

Draperie.

Blanc.
Boiriu.

PONTAILLIER-SUR-SAÔNE.

Draps.

Destray.
Feuillebois.
Lenoir.
Tatigny.
Tournier.

SELONGEY.

Etoffes.

Andriot-Valby.
Boisselier.
Carpentier.
Duclaire et Giclon.
Durand,
Lelièvre.
Petitot.

THIL-CHATEL.

Draps et Nouveautés.

Badonau-Ratet.

Arrondissement de Beaune.

BEAUNE.

Draperie, Rouennerie.

Albert.
Bataut Brenot.
Contet.
Contet Teinturier.
Dumilly Girard.
Dumilly Peltier.
Johannard.
Linard.
Menestrier.
Mineur (Mlle).
Simon Blum.
Tabourcau Flachot.
Teinturier Grogney.
Vérot (B.).

Merciers.

Combre Béraut.
Faudon.
Leblanc Hugot.
Myard Giraud.
Perny Grapin.
Picquenard Marey.

Toiles.

Mouginot Michia.
Tainturier Gilliot.

ARNAY-LE-DUC.

Draps et Toiles.

Chevalier (Mlles).
Coquegnot.
Guenot.
Picard.
Prot.

Merciers.

Adnot.
Beauzon.
Bonnard.
Largy.
Coutin.
Picard (Jules).

NOLAY.

Draps et Rouennerie.

Aubry sœurs.
Barboux père.
Habert (veuve).
Legras fils.
Lamant (veuve).
Niquet.
Prieur (Claude).

Mercerie.

Martenot.
Rosselin.

NUITS.

Draps et Toiles.

Boisson.
Bouillotte Lopez.
Bourgés Patron.
Larmier Rivot.
Martin Goëtz
Moissenet Landriot.
Moissenet Patriache.
Patron Poupon (veuve).
Patron Gogniot.
André.

POUILLY EN MONTAGNE.

Draps.

Cunisset.
Bizouard.
Lizinger.

Mercerie.

Desjours.
Leblond.

SAINT-JEAN-DE-LOSNE.

Draps et Nouveautés.

Amiot.

Berthaut.
Berthet.
Blanc.
Jeannot.
Pailloux Corbot.
Perron.
Rousselet.

SEURRE.
Draps et Rouennerie.
Daire.
Gachot.
Nicolot.
Petit-Jean Michaut.
Perrault.
Perron.
Sassard.
Thierry Berbey.

Arrond. de Châtillon-sur-Seine.
CHATILLON.
Draps.
Bourbon.
Bourceret Leclerc.
Charbonné.
Cuzin.
Minot (Léon).
Parny.
Sébille.
Merciers.
Bernard Michelot.
Chappé.
Picard Bataille.

AIGNY-LE-DUC.
Draperie, Rouennerie, Toiles et Mercerie.
Bouchot Minot.
Galien.
Malnoury.
Picard.
Elie.
Févret.
Angrand.

LAIGUES.
Rouennerie.
Dauphin.
Junnot.

MINOT.
Etoffes et Mercerie.
Boiget.
Villemot (Mme).
Tailleur.
Lanvin.

RECEY-SUR-OURCE.
Draperie et Toiles.
Chevillard.
Chevallo (Et.).
Pion.
Sauvageot.

Arrondissement de Semur.
SEMUR.
Bonneterie, Draps et Nouvautés.
Patrissey.
Chancuard.
Damotte (V^e).
Maillard-Aurelle (V^e).
Gallatte (Mlle).
Ramelet.
Bordelet.
Clerc.
Odobé fils aîné.
Quillot Sébillotte.
Rostin.

ÉPOISSES.
Draps.
Dussert Maigrot.

MONTBART.
Négociants.
Hugot.
Moreau.
Magnin.

SAULIEU.
Draps.
Bert.
Lechat.
Saunois.
Merciers.
Billoux.
Mignot.
Moissenet.

Département des COTES DU NORD.

Arrondissement de St-Brieuc.
SAINT-BRIEUC.
Draperie, toiles et nouveautés.
Banthlan.
Golier.
Turboust.
Cheron.
Josse.
Lizé.
Lost (M^e).
Lucas.
Poilpot.
Pradel.
Boucherie.
Ternisien.
Pradane.
Dalmar.
Lafon.
Corlay.
Derrien.
Fleury.
Leguern.

Tailleurs.
Blivet.
Fodate.
Gaudichon.
Lamelle.
Morin.
Toiles.
Luvet (Mme).
Olivier.
Morin (V^e).

CHATEAUBAUDREN.
Draps.
Gauthier.
Hamon.
Hillion.
Leponlinquen.
Lesolleu Romain.

LAMBALLE.
Draps.
Hervé Desmaisons.
Labbé.
Lemonnier.
Planquet.

MONCONTOUR.
Draps, Toiles.
Deschamps.
Hervé.
Renaud.

PAIMPOL.
Draps, Rouennerie.
Bertho.
Lefeuvre.
Lepesant, fils.
Moreau, (Mme).
Leboucher fils.
Leboucher.
Riou père.
Riou fils.

PLOEUEC.
Négociants.
Chauvrière, aîné.
Gibet.

PLOUHA.
Draps et Toiles.
Corbel.
Hercard (J.).
Heroard (E.).
Lebigot.

QUINTIN.
Draps.
Duval (veuve).
Corlay.
Surbled.

ST-QUAY.
Draps et Tissus.
Gallot.
Homo.
Joubin.
Leboubenec (F.).
Lpendu

Arrondissement de Dinan.
DINAN.
Draps.
Larères.
Leroy (Mlle).
Ouice père.
Ouice fils.
Piquet (F.).
Rouxel (Ch.).
Selmon.
Merciers.
Audrères.
Chantrel.
Douillet.
Herpin.
Lalande.
Nouveautés.
Blays.
Regnault.
Touchet.
Merle.

MATIGNON.
Négociants.
Bonal.
Pelion.

Arrondiss. de Guingamp.
GUINGAMP.
Draps.
Camus.
Guillouet.
Heurtel
Hidriot.
Lemasson.
Lehenaff.
L'Ollierou.
Queillé et Trehiou.
Trehion.
Merciers.
Morin.
Ribaire.
Vivier.

PONTRIEUX.
Draps.
Costeroux.
Envein.
Guérin.
Legros.

ROSTRENEN.
Nouveautés.
Bouché-Corentin.

Arrondissement de Lannion.
LANNION.
Draps.
Clouard.
Lebelec.
Lecoq jeune.
Pirion (G).
Prunenec.
Lainé (Mlle).
Margaté.
Rivoallan.
Soimier (Mme).
Nouveautés et Rouennerie.
Fertée (Mme).
Lenoir (Mlle).
Darnal.
Duraud.
Sebert (Mme).

PLESTIN.
Draps.
Connan.
D'antec.
Herlaud.
Malecot.
Tilly.

ROCHE-DERRIEN.
Draps.
Guillou.
Talguen.

TREGUIER.
Draps.
Dumont.
Guesnier.
Lainé.
Laflem.
Gaisnier.

Arrondissement de Loudéac.
LOUDÉAC.
Draperie.
Delamarre.
Eveno.
Lemeur.
Levasseur.
Muydeble.
Nogues.
Rioux.
Royer.

GOAREC.
Draps.
Legarrec.
Lemoign.
Olivier.

MOTTE.
Toiles.
Leclezio.
Leverger.
Viet Dubourg.

MUR-DE-BRETAGNE.
Nouveautés.
Leralle.

PLOUGUENASTE.
Négociants.
Latimier.
Leroux.

UZEL.
Draps.
Blanchard.
James.
Lechaix.

Département de la CREUSE.

Arrondissement de Guéret.
GUÉRET.
Draps et Nouveautés.
Lebert.
Mérigot.
Pichaut-Saure (Mlle).
Robert.
Velleaud.
Constantin.
Fourn-Hairaud.
Neveu.

DUN-LE-PALLETEAU.
Draps.
Delor frères.
Labuxière-Genevois.
Bechamort-Florimont.
Genevoix (J.).

SAINT-VAURY.
Draps.
Berthet.
Logoutte.

LA SOUTERRAINE.
Draps, Nouveautés.
Augé.
Augros.
Dardane-Berthonnerie.
Delignières.
Dubois.
Hébré.
Ladame.
Sabaux,
L'habitant.
Veuillot.

AUBUSSON.
Draperie, Rouennerie.
Bregere-Lebrun.
Brioude.
De la Seiglière.
Dubost.
Gorsse.
Montegudet.
L'heureux.
Tricot.
Valney.
Villadier.
Bregère-Rousson.
Guillot.

AUZANCES.
Draps, Mercerie.
Barse aîné.
Beaudron.
Cambournac.
Pron-Bessières.
Rouzier.

BELLEGARDE.
Bossier.
Moreau.

CROCQ.
Rouennerie, Mercerie.
Sarciron.

EVAUX.
Draps et Toiles.
Conchon.
Dauchand.

FELLETIN.
Draperie, Rouennerie, Mercerie.
Bregère.
Lecante.
Trapet.
Conceix frères.
Conceix fils.
Lassagne.
Sandon-Durand.

Arrondissement de Bourganeuf.
BOURGANEUF.
Draps et Toiles.
Dumont.
Fournier (A.).
Fournier.
Legros.
Monnier.
Ponthot.
Sauvage.
Vacquin.
Merciers.
Boueyre.

Farne.

BENEVENT.
Draps.
Desaix frères.
Desaix (J.).
Germaud.
Puyol.

Arrondissement de Boussac.
BOUSSAC.
Draps.
Chabenat.
Barraud.

CHATELUS-MAIVALEIX.
Draperie, Rouennerie.
Barnier.

Département de la DORDOGNE.

Arrondiss. de Périgueux.
PÉRIGUEUX.
Draps et Nouveautés.
Fargis.
Bivau-Nantet.
Lagrenge.
Laillet et Colombet.
Margat frères.
Maysonnode et Beyney.
Minard, Boisseuil et C°.
Paradol.
Mercerie.
Demartial.
Grellety.
Lacoste.
Leymarie.
Nouveautés Rouennerie.
Saint Martin jeune.
Murat et Conchoic.
Léger.
Pradel.
Baudemont.
Angeras.
Tailleurs.
Caton.
Hennin.
Janet.
Lafosse.
Metou.
Seguy aîné.
Vigier.

BOURDEILLES.
Draperie et Rouennerie.
Trapy.
Cheviale.
Lamy.

BRANTOME.
Draps.
Joubert.
Large Jean Baptiste.
Lamy.

EXIDEUIL.
Draps.
Juges.
Pradaud.
Reynaud.

HAUTEFORT.
Draps.
Sarazanas.
Villotte.

SAINT-ASTIER.
Draps.
Doche aîné.
Moreau.

Arrondiss. de Bergerac.
BERGERAC.
Draperie Rouennerie.
Augieras et Pautard.
Bassac.
Batcave et Marais.
Faucher frères.
Fournier.
Giroux (gendre).
Vié.
Margat (oncle).
Margat (neveu).
Prevot Margat.
Vié et Peyrou.

Merciers.
Baron jeune.
Boutel.
Charbonelle jeune.
Lebonneil.
Mahuzier (veuve).
Valleton neveu.

SAINT-ALVÈRE.
Draperie.
Marty.
Pommeyret.

Arrondiss. de Nontron.
NONTRON.
Draperie Nouveautés.
Bonir.
Dufraisse et Boyer.
Faye.
Paulhac.
Roby.
Suzette.
Audiller.
Tabit.

BUSSIÈRES BADIL.
Nouveautés.
L'hote.

LANOUAILLE.
Nouveautés.
Combelas.
Demoulin.
Laguionnie.

SAINT-PARDOUX-LA-RIVIÈRE.
Draperie Rouennerie.
Martin Debidour.
Quilhac Laplanade.

THIVIERS.
Draps, Toiles
Bonhomme.
Eyméry.
Gagnade.
Joubert jeune.
Juirajoux.
Rejou.
Tallet.
Merciers.
Coste.
Lapeyrière.
Meilhodon cousins.
Passérieux.
Reynaud.

Arrondiss. de Riberac.
RIBERAC.
Draperie, Nouveautés.
Aurillac.
Brianthe (veuve).
Lataille.
Bellat et Rollin.
Moreau.
Vivie.
Chatenet.
Eymard.
Tamarelle.
Toiles.
Chausserie.

MONTPONT.
Draps, Toiles.
Deffarges J.
Deffarges (veuve).

NEUVIC.
Draps.
Devaux.
Vallentin.

LA ROCHECHALAIS.
Draps.
Lapeyre.
Trigant.

VERTEILLAC.
Draps Rouennerie.
Demillat Laforest.
Lapouge frères.

Arrondiss. de Sarlat.
SARLAT.
Draps, Rouennerie et Nouveautés.
Lavegneri jeune.
Chambon.
Doursat.
Cluzel J. et Ce.
Faujanet aîné.
Faujauet (Prosper) et Carteron.
Prevot Margat.

BELVÈS.
Draps, Toiles et Mercerie.
Dubois.
Garry.
Jardel fils
Pabon aîné.
Peyrille.
Préat.

LE-BUGUE.
Draps, Rouennerie.
Chabrier jeune.
Chavarochette.
Pasquiet (M.).

MONTIGNAC.
Draps.
Bon.
Labatut.
Leymarie.

SAINT CYPRIEN.
Draps, Toiles.
Champey.
Cibrié fils.

TERRASSON.
Draps, Toiles.
Chalard frères.
Delor.
Dubois.

Département du DOUBS.

Arrondissement de Besançon.
BESANÇON.
Draps.
Batanche frères.
Alix (E.) et Ce.
Bruand jeune.
Demesmay et Robbe aîné.
Fernier (F.).
Ferreux.
Girod.
Honnclaitre-Trimaille.
Janet.
Jourdain
Levy.
Liautay sœurs.
Papillon et Ce.
Rontrout.
Bardin (J-B).
Mercerie.
Caillier père et fils.
Corn frères.
Coste.
Dugourd et Bodier.
Lanchy.

Morel et Gaiffre.
Mornard et Bouton.
Naudier.
Prevel aîné.
Arbey.
Berger sœurs.
Beschet (Mlle).
Bouvet sœurs.
Emourgeon sœurs.
Hautier sœurs.
Julien (Mlle).
Luquet (Mme).
Sollaud.
Vigoureux (Mme).

Rouennerie et Nouveautés.

Desolme (Mme).
Chavannes.
Drevon (Sophie).
Grospelliers.
Desblancs.
Baille-Cailliers.
Beaujard.
Bercet.
Becoulet-Baud.
Bejannin et Coindre.
Belot.
Boillon.
Bretet et Gauthier,
Burnichon frères.
Cartier-Laudet.
Chapoy.
Coque frères.
Crapelet-Larèche.
Demolombre.
Estever-Bernard.
Gautier.
Guiot.
Hausser.
worsmser.
Hausser frères.
Haueser sœurs.
Joufroy et Ce.
Jourdaint sœurs.
Lajeannes-Pierrot.
Mequillet.
Noblot et Ce.
Granger (Mlle).
Papillon.
Pemond.
Rebillet.
Robbe.
Ruchet.
Schmitt.
Sanlaville.
Veil (Ate).
Fleury.
Leclerc.
Geoffroy (Mme).

Tailleurs.

Creauge.
Lévèque.
Levy.
Morel.
Simon-Aron.

LOTS.

Rouennerie.

Besson (Mme).
George (J.).
Machurat.
Vuillemin.

Arrondis. de Beaume-les-Dames.

BEAUME.

Draps, Toiles et Mercerie.

Audré.
Javey.
Valich.
Fontugny.
Pernot.
Péronne.
Pourchot.
Riche.

ILE-SUR-LE-DOUBS.

Draps.

Bernard.
Pailloz.
Voulot.

VERCEL.

Draps.

Antonio.

Arrondissement de Montbéliard.

MONTBÉLIART.

Draps.

Megnin et Vuilleque.
Surleau.

Mercerie.

Batnier Lods.
Blazer frères.
Brouleux.

Nouveautés.

Rau.
Chatel (Mlles).
Fossard (Mlles).

MAICHE.

Nouveautés.

Barberot (Mlles).
Joly.
Levy frères.

RUSSEY.

Draps.

Blum frères.
Droz.

Arrondissement de Pontarlier.

PONTARLIER.

Draps et Toiles.

Cordier.
Cottet.
Cuinet.
Dornier.
Gindre et Ce.
Regère frères.
Vofle.
Vuillemin.

Merciers.

Charnaux.
Magnin.
Prost.

Nouveautés.

Nicod sœurs.
Louvrier.
Réal.
Simonin sœurs.
Viennet sœurs
Louvrier-Magnin.

ARC.

Draps, Rouenerie.

Cressier.
Vuillemin.

FRASNÉ.

Draps.

Ganneval.

JOUGNE.

Draps, Rouennerie

Dabrey.
Jeantet (J.).

MONTBENOIT.

Draps, Rouennerie.

Bobilier.
Faivre.
Guy.
Marle.

MORTEAU.

Draps, Nouveautés.

Reymond.
Schlutz (G.).
Tournier.
Vetzel.

MOUTHE.

Draps, Toiles.

Carrey.
Letoublond.
Lorin.

Département de la DROME.

VALENCE.

Draps et Nouveautés.

Albert.
Blein.
Bouvier.
Charignon.
Claissac.
Cogordan aîné.
Feuillerat.
Joland et Delcombe.
Lacroix.
Laterrat (v^e^).
Colomb et Martin.
Mazot (v^e^).
Pelorson.
Raspail (Veuve).

Merciers.

Audra.
Begot.
Boucher.
Chaix.
Courthial.

Rouennerie.

Simon et Vilerme.

Tailleurs.

Boch frères.
Ginet et Christ.
Jacob et Guilloud.
Maury et Ce.
Schiwab.

BOURG DU PÉAGE.

Draps.

Clerc.
Lambert.
Trouiller.
Champion.
Chorin.
Gizon.
Sibend.

ROMANS.

Draps, Toiles.

Descombes.
Curin.
Gallix et Pain.
Pizot.
Prohet.
Rey.
Cotte.
Reynand (Louis).

SAINT-VALLIER.

Draps, Rouennerie.

Amblard.
Belle.
Bonneton.
Gondin.
Poncin et Malgontier.

Arrondissement de Die.

DIE.

Bouillaune,
Brachet.
Colomb.
Roux.
Liotard.
Royer (Mlle).
Rula.
Vignon.

CHATILLON.

Draps, Rouenneries.

Miraillet.

CREST.

Draps et Nouveautés.

Argot, Faure et Ce.
Feyte.
Mathieu.
Sébillard.
Verdelet et Ce.
Artaud.
Mallet.

Merciers.

Larigaudiere.
Baston.
Bourgeaud.
Tricou.

Arrondiss. de Montélimart.

MONTÉLIMART.

Draps, Nouveautés.

Blanc-Perducet frères.
Franjon
Froidot.
Melquion.
Mourzelas.
Pervillac.
Turin aîné.
Villedien.
Bourenger.
Boucherle.

DIEU-LE-FIT.

Draps.

Bois.
Bonnard.
Bonnefoy.
Bontoun.
Blancard.
Delon.
Laplace.
Lory.
Planel.
Reboul.
Reboul-Garnier.
Roman aîné.
Roman cadet.

GRIGNAN.

Draps.

Collet.
Folcoz.
Paquier.

TAULIGNAN.

Draps.

Brachet.
Descours.
Mouricr.

Arrondissement de Nyons.

NYONS.

Draps.

Biroard.
Lisbonne (Aaron).
Lisbonne (Samuel).

BUIS-LES-BARONNIES.

Draps, Nouveautés.

Bonnard.
Chandron.

REMUSAT.

Draps.

Aubert.
Moulin.

Département de l'EURE.

Arrondissement d'Evreux.

EVREUX.

Draps, Rouennerie.

Huet.
Duclos.
Gérault jeune.
Géranlt Delaquerrère.
Houillier.
Lauvray Putel.
Noyon.
Queneau.

Nouveautés.

Touroude.
Moutier.
Delamarre Maillard.
Forge.
Gouley.
Roger.
Rousseau.

Taillenrs.

Buisson ainé.
Buisson jeune.
Buquet.
Remond père.

BOURTH.

Draps.

Collet.

BRETEUIL.

Draps.

Chevalier.
Lambertin.
Hamard Drieux.
Tarrart Norice.

CONCHES.

Bonneterie, Mercerie.

Ruel.
Duhamel.
Borié.
Cirat.
Pelletier.
Prevost.

Marchand-Tailleurs.

Boé.
Boucher.

LA COUTURE.

Drops, Nouveautés.

Thibouville Buffet.
Dubuc.
Thibouville.

PERREIRE SUR RISLE.

Draps, Nouveautés.

Aimé.—Cerisier.
Veron (A.).

JORI LA BATAILLE.

Draps, Nouveautés.

Duval.
Nez Pidhan.
Papon.
Corbin.

NONANCOURT.

Nouveautés.

Fourrey.
Masson Leduc.
Naefer Asselin.
Vassal Flannet.
Thuilie.

PACY SUR EURE.

Draps, Toiles.

Dufay.
Hurel.
Criquebœuf.
Cuirot jeune.
Huvey.
Roché.

Bonneterie.

Leblond Bonaventure.
Bedaux.
Duval.

RUGLES.

Draps, Nouveautés.

Delaval Perault
Gastey.
Leblond Mercier.
Meslier.

SAINT-ANDRÉ.

Draps, Nouveautés.

Blery.
Cossey.
Ende.
Jouen.
Leduc.
Mouton.
Poussard.

SAINT-AQUILIN.

Draps.

Prier.

TILLIÈRES-SUR-AVRE.

Rouennerie.

Lesage.
Saint-Pierre.

VERNUEIL.

Draps, Nouveautés, Bonneterie.

Oursel.
Gillot.
Julienne Boulé.
Lami Gombault.
Laubertin (Denis).
Morice Cusson.

Merciers.

Abel.
Deslandes.
Ledoux.
Vaute.

Toiles.

Gillot (Thilemont).
Mesnil Gillot.

VERNON.

Draps, Rouennerie.

Busiquet.
Hurlot.
Masqueray.
Roycourt.
Sauval.

Arrondissement des Andelys.

LES ANDELYS.

Draps.

Benoist.
Cartier.
Cavé.
Gasse.
Jardin Garnot.
Lescuyer (veuve).
Lorailler.

Toiles.

Benoist.
Gasse.
James aîné.
Moutier.

ÉCOS.

Toiles.

Barbé.
Petit Vincent.

ÉCOUIS.

Draps.

Touzé.

ÉTRÉPAGNY.
Draps.
Canivet.
Lemarchand.
Monvoisin.

GISORS.
Draps, Nouveautés.
Bap.
Grandin.
Marais Monvoisin.
Peteau Marais.
Briseux Renault.
Maquelin.
Marchand (veuve).
Perdrieux Julien.
Prevost.

Arrondissement de Bernay.
BERNAY.
Draps, Nouveautés.
Vy (Emile).
Lemaître.
Leroy aîné.
Motelay.
Flagelle.
Pernelle.
Poitevin.
Querey.
Renou.
Cicille.
Conard.
Chauvière.
Focet.
Valmont.

LA BARRE.
Bonneterie, Nouveautés.
Boulanger (Ed.).
Prevost.
Nouvel (Désiré).
Query-Fortier.

BEAUMONT.
Draps et Toiles.
Alliot.
Carlier-Lemire.
Charles.
Logre.
Antieul-Roussel

BRIONNE.
Mercerie, Nouveautés.
Delivet.
Desprès.
Duval.
Jouveaux.
Lefebvre.
Valon.

HARCOUR
Mercier.
Soligny.

Arrondissement de Louviers.
LOUVIERS.
Merciers.
Chanoine-Lequesne.
Demaurey (Veuve).
Florence.
Jeanne.
Saint-Martin.
Juimentier.
Nouveautés, Toiles, Draps.
Lassé.
Guillin et Porcher. — Lebreuil.
Huet (Mlle).
Lesage.
Pelletier.

GAILLON.
Draps, Rouenneries.
Auquetin.
Devé.
Auzoux.
Fontaine.
Jacob.
Maupain.
Renard.
Vallée.
Merciers.
Criquebœuf.
Jaquelin.
Passerel.

LE NEUBOURG.
Draps.
Chevalier.
Hermier.
Toussin.

PONT-DE-L'ARCHE.
Mercerie.
Delaquerrière.
Grenier fils.
Lebret (Veuve).
Messier.
Vallery (Veuve).

Arrondis. de Pont-Audemer.
PONT-AUDEMER.
Draperie, Bonneterie, Nouveautés.
Collemine et Carré.
Collemine jeune.
Boissel (Paul).
Baston.
Desgardins.
Leclerc jeune.
Lemasson dit Lavigne.
Battencourt (Óbeline).
Canu.
Fouquier.
Hersent.

BEUZEVILLE.
Bonneterie.
Brière.
Flambart.
Reculard.
Draps.
Legendre.
Vallée.
Vannier (ve).
Mesnier.
Revel.

CORMEILLES.
Draps, Nouveautés.
Costard.
Gibert.
Grandhomme.

LIEUREY.
Draps, Nouveautés.
Cottard.
Vindille.

MONFORT-SUR-RILLE.
Draps.
Carron.
Fremenger.

QUILLEBOEUF.
Bonneterie et Mercerie.
Lamy.
Paris (Veuve).
Madeline.
Parquet.
Teronde. (Mlle).
Vernier (Mlles).

ROUTOT.
Draps.
Devé.
Graine.
Lefort-Boutigny.
Letailleur.

Département d'EURE-ET-LOIRE.

Arrondissement de Chartres.
CHARTRES.
Draps, Rouennerie et Nouveauté.
Baudoin.
Boulogne et Ce.
Chauvin.
Chenet jeune.
Moulin.
Bonnet.
Blanchin.
Contrat Aubry.
Perrier.
Desmazures.
Doullay aîné.
Dagnet Gallet.
Duchesne-Sauton.
Guérinot.
Gorteau.
Matifoux Macé.
Neveu (Bruneau).
Moulin aîné.
Tailleurs.
Delafoy.
Kœning.
Mornas-Denis.
Rousselle-Boivin.
Nouveautés, Soieries.
Levassor Barrellier.
Marie Pichon.
Moulin (Isidore).
Nicolle et Proust.
Prevotteau.
Verdier.
Lepine.
Marie-Pichon.

AUNEAU.
Draps, Nouveautés, Toiles, Mercerie.
Grauson.
Sigot Bourdeloup.
Sigot Sancier.
Bourdeloup.
Leblanc fils.

BOISVILLE-LA-SAINT-PÈRE.
Draps.
Meunier.
Sauger.

COURVILLE.
Bonneterie.
Bellier.
Chancerel-Sébastien.
Draps, Nouveautés, Soieries.
Parrier Leroy.
Desvaux.
Fournigault (Mlles).
Malenfaut.
Robbe.

EPERNON.
Draps.
Bertand.
Mauduit.
Taillebois.

GAILLARDON.
Draps.
Bréan.
Oury.
Rouennerie.
Juvault.
L'Homme (Mme).
Mornas.

ILLIERS.
Draps.
Aubry.
Cailleaux.
Charles.
Ducrot.
Amiot.
Launay.
Chapprond.
Renard.

JANVILLE.
Draps, Rouenneries, Toiles.
Benoist,
Langlois.
Cintrat.

MAINTENON.
Drads, Rouenneries.
Dupont.
Labbé.
Robert.
Téton.

PONTGOIN.
Draps, Rouenneries.
Boubet.
Bréant.
Leroy.
Venard.

PRUNAY LE GILLON.
Massot.
Millochau.
Venard.

rrond. de Chauteaudun.
CHATEAUDUN.
Draps, Rouennerie.
Allard Vaumartel.
Allard (maire).
Bourasset.
Bourgeois.
Girard.
Huchet Leveau.
Lemarié.
Viron Marcault.
Merciers.
Reaudet (Mlle).
erré.
Fourré.
Thierry
Nouveautés.
Boulay (Mlle).
Poultier.
Brossier (Charlot).
Chavigny et Ricoix (Mlles).
Durand Brault.
Lange.
Leveau Bonneville.

BONNEVAL.
Draps, Toiles.
Boret.
Chateau.
Cosse (ve).
Dimier.
Morin (ve).

BROU.
Draps.
Contrepoids père et fils.
Delisle.
Langlois,
Ricois.
Rigot.
Béalé.
Mercier.
Toiles.
Forestier Tabour.
Lauzeray.
Silly.

CLOYES.
Draps.
Bucheron.
Eleaume.
Fournigault.

MESLAY LE VIDAME.
Draps.
Brideau.
Ellen.

Farrault.
Jardé.
Levassor.

Arrondissement de Dreux.

DREUX.

Draps, Nouveautés, Soieries et Toiles.

Bourdon Gronont.
Lebreton.
Macépignot.
Moutaudouin.
Mousset-Legrand.
Vassal.
Drieux.
Blanchet.
Lecomte.
Poupault.

Tailleurs.

Duroux.
Desvaux.
Grosseuvre.
Lambach et Schmidt.
Moulin.
Perriot.

LE BOULLAY THIERRY.

Draps.

Delante.
Hubert-Rousseau.

BREZOLLES.

Draps.

Giborcy.
Goupy.

CHATEAUNEUF EN THIMERAIS.

Draps, Toiles.

Bigot.
Fontenelle.
Lambert et Bonnin.
Laumailler (Louis).
Laumailler jeune.
Rouillard.

NOGENT-LE-ROI.

Draps, Toiles.

Bretillard Coupel.
Lefevre.
Lesec.
Alphont.
Delaunay.

PUISEUX.

Draps.

Lacroix.

SENONCHES.

Draps.

Bizot.
Bourgeois Pichard.
Chauvin-Chaillou.
Tremblay.

VILLEMEUX.

Draps, Mercerie.

Courtois.
Dubois.

Arrond. de Nogent-le-Rotrou.

NOGENT-LE-ROTROU.

Draps et Nouveautés.

Cherrières.
Colas Chauvin.
Dumont.
Gallet.
Gadier.
Lecoconnier aîné.
Lecoconnier jeune.
Thibault Meyniel.
Thibault Dubois.

Mercerie et Bonneterie.

Bobet.
Guerin.
Lacroix.
Gatin.
Helix.

AUTHON.

Nouveautés.

Collet.
Courtois.

CHAMPROND-EN-GATINE.

Bonneterie.

Bellier.

Département du FINISTÈRE.

Arrondissement de Quimper.

QUIMPER.

Draps.

Fortuné Lechat.
Goanach.
Puech (Pierre).
Puech (A).
Puech (G).
Puech père.
Quercy.
Salles dit Estrade.
Veisseyre fils.

Mercerie.

Camus.
Capel.
Guilhem (veuve).
Jugeau aîné.
Maillet.
Veniard.

Nouveautés.

Bernard (T).
Gilbert et Frebet.
Hutrel (Mme).
Lallour.
Malinjoud.
Sionnet fils.

Tailleurs.

Estrade.
Lallemand.

Martin.
Vesseyre.

AUDIERNE.
Draps.
Dancilon.
Louarn.

CONCARNEAU.
Draps.
Boyer.
Catala.

PONTCROIX.
Draps, Mercerie.
Bellegnic.
Kersaudy.
Kerisit.

PONT-L'ABBÉ.
Draps.
Campion.
Criou.
Duhamel.
Picard.
Lelgouarch.
Lemogne.
Stéphan.
Roumigou.
Viers.
Mercerie.
Fichen.
Lemoal.
Lemoigne.
Palut.
Rouennerie.
Cosquer.
Corcuff.
Lacarrière.
Benech.

Arrondissement de Brest.
BREST.
Bonneterie.
Boëlle frères.
Bonnet.
Cerisier (veuve).
Hallais (Arthur).
Lambert-Bonain.
Lemenn.
Panaget aîné.
Treffel.
Draperie, Soierie, Nouveautés, Rouennerie.
Gouvernec (Mme).
Lambert.
Lemoine.
Lemotheux.
Mazurié sœurs.
Moriez.
Pintard.
Worms.
Darras.
Larraut fils.
Lesser.
Malherbe.
Hurel.
Houry.
Royer (Mlle).
Salomon (C).
Hurel.
Tailleurs.
Eichoff (A).
Gauthier.
Poulet.
Toiles.
Esnault (veuve).
Daniel.
Marquer.
Radamet.
Regnard.
Sery.

LE CONQUET.
Draps.
Leroy.
Masson.
Milliout.
Rigolet.

LAMBEZELLEC.
Draps.
Jaouen (Mlle).

LANDERNEAU.
Draps.
Berric.
Bourhis.
Castel.
Cloitre (G).
Laurent (Mlle).
Leur (veuve).
Pouliquen.
Yves.
Mercerie.
Durand jeune.
Coziand (veuve).
Melior aîné.
Rouennerie.
Douaré (Mlle).
Duthoya (Mlle).
Nicol (veuve).

LESNEVEN.
Draps.
Guengand.
Plainfossé.
Pochard.
Renagont.
Appert.
Testard (Mlle).

PLOUDALMÉZEAU.
Draps.
Carof.
Cottin.
Lué.
Sestin (veuve).
Terront.

SAINT-RENAN.
Draps.
Bodenez.
Marzin.
Pilven.
Riou.

Arrondissement de Châteaulin.
CHATEAULIN.
Draps.
Caër.
Daguzon.
Daud.
Lebreton.
Quintin.

CARHAIX.
Draps.
Boyer.
Delpeuch.
Kerdelleau.
Lemoals.
Lemoine.
Melon.
Mercerie.
Bencat.
Palmy.

CHATEAUNEUF-DU-FAON.
Draps.
Delaporte.

CROZON.
Négociant.
Noël.

Arrondissement de Morlaix.
MORLAIX.
Draps.
Defontayne (J.).
Juilliard.
Masseron.
Paumier (G).
Piquot.
Richard et Liberge.
Mercerie.
Briens Louvière.
Geffroy.
Lebreton.
Rouennerie, Indiennes.
Tréal.

Vallon.
Puyo.
Vivier.

LANDIVISIAU.

Morfort.
Rohou.
Rolland.

PLOUGOUVEN.

Mercerie.

Tilly.

ROSCOFF.

Négociants.

Deschamps fils.

SAINT POL-DE-LÉON.

Négociants.

Lebos.
Lehir.

Arrondissement de Quimperlé.

QUIMPERLE.

Draps, Nouveautés.

Bagard.
Cavaillac.
Lecorre.
Puillandre.
Simon.
Ferrant.
Imbert.
Chesnel aîné.
Moyse.

SCAËS.

Mercerie.

Loyer (Mme).

Département du GARD.

Arrondissement de Nimes.

NIMES.

Draps, Nouveautés, Toiles et Soieries.

Amaly-Devillas et Foule
Deleuze et Ce.
Ayral-Guiraud.
Bergeret-Boudet.
Boissier frères et fils.
Bresson Joseph et Mabistre.
Coulomb-Lacaze.
Jalaguier frères.
Saney.
Cert.
Cremieux.
Julian (H.).
Mirabaut et G. Peyre.
Peyre.
Maurant.
Nègre et Vincent.
Pelissier jeune et Ce.
Picard.
Peyry.
Renault.
Royer-Bergeret.
Rouverol.
Villaret-Ausset.

Nouveautés.

Bernard.
Dhours fils et Bonnard.
Gauch.
Margarot-Julian.
Méjanelle sœurs.
Mestre frères.
Michel (J.) et Ce.
Rousselot Chapel.
Tempié frères.
Pechéral.
Foule.

Tailleurs.

Arnauld.
Ballivet.
Chaix.
Cot.
Deffors.
Grégoire.
Leclaire jeune.
Libes.
Maurant.
Paris.
Cabrol Bellegarde.
Lévy (Sel), et Ce.
Vialla et Vernassal.

Toiles.

Filchot.
Noury.
Fabre et Ce.
Sorbier.
Volnay.

BEAUCAIRE.

Draps, Toiles

Antoine aîné.
Bergougneux.
Bonnefoy.
Darmin fils.
Goubier Foussat.
Ruel et Fabre.
Raoux-Darmin.
Thomas (A.).

SAINT-GILLES-DU-GARD.

Draps, Toiles.

Blanc-Salles.
Jean-Marie.
Maux Laugier.

SOMMIÈRES.

Draps, Toiles.

Abric.
Dalverny.
Lacombe fils et Banquet.
Renouard fils.
Rayan (Aug.).
Vincent (Sally).

NAUVERT.

Bonneterie.

Gamallé.

Aarrondissement d'Alais.

ALAIS.

Draps, Toiles, Nouveautés et Soieries.

Agniel (F.).
Antoine (E.).
Antoine frères.
Bernard jeune.
Bourly veuve et fils.
Cabanne.
Chazel (P.).
Delzangle.
Dizier père et fils.
Espérandien (Mlle).
Fesquet.
Roumestant (Pierre).
Roux (Auguste).
Tastevin et sœur.
Roux.
Trescol (Hippolyte).

Mercerie.

Aurivel et Lacombe.
Ayral.
Bres.
Fabre.
Farges frères.
Girkler et Ce.
Légal.
Nègre.
Ribot (B.).
Rouverânt (G.).

ANDUZE.

Draps et Nouveautés.

Alterac.
Boisset (L.).
Bourguet frères.
Fesquet.
Grenolhac.
Larguier Alger.
Larguier.
Olieu (A.).
Pauc (Eug.).
Ribaud.
Vigne (A.).

Toiles.

Fontenaist et Ce.

SAINT-AMBROIX.

Draps.

Bonnaure.
Candy.
Deleuze.
Silhol.

SAINT-JEAN-DU-GARD.

Mercerie.

Blancart.
Gras.
Lèbre.
Tondert.

Arrondissement d'Uzès.

UZÈS.

Nouveautés.

Esperandieu (Hélène).
Martin-Moustardier.
Penot (Adèle).
Prade Nancy.

Toiles, Draps.

Carles frères.
Cavalier (Jean).
Chamand.
Cornu.
Coste.
David.
Dussuel.
Julien-Arnaud.
Richard.
Vermeil Arnaud (veuve).

BAGNOLS-SUR-CÈSE.

Draps, Nouveautés.

Gilles.
Ligonet.
Méric.
Boure.
Boyer.

PONT-SAINT-ESPRIT.

Draps, Toiles.

Blanc frères.
Picard.
Ponsain.
Romanet.
Anpery.
Sibour.

Rouennerie.

Ve Allard-Ramet.
Cremieux et Ce.
Oliver.

ROQUEMAURE.

Draps, Toiles.

Granet fils.
Pinoncelli.
Marclès.
Valabrègue.

Mercerie, Bonneterie.

Bacculard jeune.

VILLENEUVE-LES-AVIGNON.

Toiles, Draps.

Ranquet.

Arrondissement du Vigan.

LE VIGAN.

Draps.

Abric (A.).
Amat.
Combernoux.
Falguière.
Guibal.
Jullian dit Gilly.
Parlongue.

Mercerie.

Capion.
Laporte Neveu.
Tadieu.

VALLERAUGUE.

Draps.

Perier (Fréd).
Tholozan (Fred).

Département de la GARONNE (HAUTE).

Arrondiss. de Toulouse.

TOULOUSE.

Bonneterie.

Aureillan.
Barrau Tourres.
Batal (Adolphe).
Bessiére.
Bouchage.
Destoup neveu.
Fabry et Ce.
Flissot frères.
Garreta.

Gay.
Margnières.
Mercier et Barran.
Ozenne.
Paul cadet.
Palau frères.
Roussilière frères.
Toulza et Cᵉ.

Blanc, Coton, Jaconas, Batistes, Percales, Calicots et Toiles.

Baurier aîné et Brémont.
Daléas.
Delcros.
Odone.
Pagès G.
Robert V.
Schiffmann (Gustave) et Hahn.

Draps et Nouveautés.

Barbery frères.
Belleguarrigue.
Berdoulat A.
Berdoulat Paulin.
Berdoulat frères.
Giraud Napoléon.
Castérès (veuve).
Cornét et Tourné.
Dastarac.
Garrigues et Squivier.
Labat et Dupin.
Lacrampe.
Lapeyre et Laroche.
Lavoye et Cᵉ.
Linas frères.
Loubens et Cᵉ.
Magre Th.
Malhol fils.
Martel Th.
Mouniot et Baudonnet.
Preyssas.
Saint Avit.
Sentis et Cᵉ.
Valinot.
Vigourouse.

Nouveautés.

Amblard.
Bidache Ch.
Busquet aîné.
Chauvin.
Dutour.
Feille Maurice.
Fontaine et Cᵉ.
Fruissynet.
Grégoire.
Guillot (Ch.) et Dieu Lafoy.
Lamy et Cᵉ.
Lapersonne.
Massip.
Patoul.
Sabaron.
Painderic.
Salles-Armengaud.

Rouennerie.

Autafage frères et Cᵉ.
Abadie Eugène.
Baurier aîne et Brenon.
Berthelon G.
Tatet et Cᵉ.
Bon frères et Cᵉ.
Bordenave et Perrié.
Bousquet (J.) et Cᵉ.
Boussac.
Latour et Cᵉ.
Canals sœurs et Cᵉ (Mlles).
Cassaing (J.) et Cᵉ.
Cassan.
Cazès Léon.
Conézil.
A. Duroux.
Fourcade jeune.
Lameyrac Edouard.
Lannes Jean Baptiste.
Lanas frères et Gelbert.
Mulvezy.
Barutel et Moynac.
Moulezun.
Monnié frères.
Adoul.
Pagès (G.).
Razous, César et Cᵉ.
Robert Victor.
Rocher et Cᵉ.
Roques et Brun.
Roussel frères.
Lavielle aîné.
Segnier.
Tourrou aîné.

Mercerie et Bonneterie.

Dubouchet aîné.
Fort frères.
Girard frères.
Guitard (P.).
Aurouze.
Ménard-Supéry.

Tailleurs.

Bastié jeune.
Benazet.
Castel et Mercier.
Clastres.
Comboul.
Conrrège.
Deneysses.
Dulac.
Dulom.
Esquirol.
Magre.
Oustrie.
Scoffre.
Richard.
Paratgé et Cᵉ.
Lecal.
Faget.
Fanché.
Feille.
Gaillard.
Gaston.
Julian.
Lecassagne.
Sion gendre.
Soula.
Vivès.

CADOURS.

Négociants.

Roucolles Auguste.

GRENADE-SUR-GARONNE.

Draps.

Bosc.
Gazeville.
Sicard.

Arrondiss. de Muret.

CARBONNE.

Draps.

Castres.

CAZÈRES.

Dalhom.
Doumeng.

MONTESQUIEU-VOLVESTRE.

Draps.

Dussenty.

Arrondiss. de Saint-Gaudens.

SAINT-GAUDENS.

Bonneterie.

Barutaut.
Cassé.
Court.

Draperie et Mercerie.

Forgues.
Dardignac.
Fages.

BAGNÈRES-DE-LUCHON.

Draps et Rouennerie.

Azemar.
Barreau.
Estrade Berdot.
Estradère.
Larrière (veuve).
Sonlé.

L'ILE-EN-DODON.

Draps.

Dugué.
Magré.

MIRAMONT.

Draps.

Artigue cadet.
Biragnet Jean aîné.
Darnaud.
Duran frères.

MONTREJEAU.
Draps.
Beaumont et Lesage.
Bardereu.
Dupuy.
Ronch.

Arrondiss de Villefranche.
VILLEFRANCHE-DE-LAURAGUAIS.
Draps.
Carrières.
Montagnac.
Ponehelcu.
Serres.

CARAMAN.
Draps.
Trantoul.
Vaysse.

REVEL.
Draps.
Albouze.
Gabolde.
Pelissier.
Rancoule.
Toiles.
Albiac.
Saplayrolles.
Valette.
Verdiel.

Département du GERS.

Arrondissement d'Auch.
AUCH.
Draps.
Ducos.
Gauthier.
Nassans.
Nestier frères.
Nouveautés, Rouennerie et Toiles.
Aurenson et Gages.
Becquet.
Biénès.
Sauret aîné.
Rouennerie.
Escrivant.
Toiles.
Arrivex.
Lafourcade.
Lozes.

SARAMAN.
Négociants.
Bourgade.
Calomès.
Monlezun.

VIC-FEZENSAC.
Draps.
Arouy.
Chastel.
Couergou.
Dumont.
Garros.
Merlé.
Saucède.
Tillet.

Arrondissement de Condom.
CONDOM.
Draps.
Cailleau frères.
Peyrat.
Mercerie.
Barada.
Fillol.
Pérès.
Raynaud.
Rey aîné.
Sempé.

MANCIET.
Négociants.
Ducon.
Ferrein.
Ripotoau.

MONTRÉAL.
Draps, Rouennerie.
Salvage.

Arrondissement de Lectoure.
LECTOURE.
Draps.
Cazeneuve.
Clanet.
Dubarry.
Goux.
Junqua.

FLEURANCE.
Draps et Toiles.
Lary cadet.
Bordes.
Castarède.
Lacaze.
Lacoustère.

MAUVEZIN.
Draps.
Barbé.
Lafont.
Lasserre.

Arrondissement de Lombez.
LOMBEZ.
Nogociants.
Bouas.
Gramont.
Larréale-Garrignon.

SAMATAN.

Draps et Toiles.

Gesta Paul.
Dantion.

Arrondissement de Mirande.

MIRANDE.

Draps.

Deffès.
Durontgé.
Lafargue.

Département de la GIRONDE.

Arrondissement de Bordeaux.

BORDEAUX.

Bonneterie.

Bailly-Rigollot, rue St-Pierre, 4.
Birly aîné, quai de Bourgogne, 19.
Cabos (Mlle), rue Bouquière, 46.
Canonville, fossés de l'Intendance, 11.
Chaine jeune, rue Sainte-Catherine, 45.
Clouzet frères, fossés Saint-Eloi, 37.
Desbordes, passage Saint-Georges, 34.
Galian (J.), rue Saint-Rémy, 9.
Hamelin (F.), fossés de l Indendance, 51.
Massy (P.-J.), rue Sainte-Catherine, 13.
Nouvel, rue Ste-Catherine, 61.
Rataboul, rue des Faussets, 18.
Sylva, rue Judaïque, 17.
Tardieu, rue Saint-Rémy, 44.
Vidal, rue Ste-Catherine, 102.
Retoré.
Défesse et Roy.

Draps.

Arné (P.), fossés du Chapeau Rouge, 48.
Billioque jeune, fossés de l'Intendance, 10.
Bonenfant fils aîné, fossés de Bourgogne, 29.
Corcos fils aîné, fossés de Bourgogne, 3.
Delpy, fossés de Boursogne, 33,
Effray et Ce, rue Sainte-Catherine, 20.
Guichon (J.-B.), rue des Boucheries, 7.
Lapoujade, rue des Boucheries, 5.
Martinon (A.), rue St-Rémy, 64.
Molas (veuve) et fils aîné, fossés de Bourgogne, 36.
Passeveau, rue St-Rémy, 40.
Pater, fossés de Bourgogne, 31.
Régis et Ce, fossés de Bourgogne, 45.

Rouennerie et nouveautés.

Behans jeune et Dartence', place du Palais, 17.
Bazanac et Marie, fossés de Bourgogne, 39.
Berge frères, rue des Argentiers, 35.
Bressière, rue des Fossés-de-Ville, 44.
Capdeville (Edouard) et Ce, place du Palais, 14.
Capdeville, Laurens et Ce, rue des Argentiers, 17.
Ciret et frères, rue St-Pierre, 1
Dubreuilh frères, place du Palais, 5.
Durand et Chancel, rue J.-J. Rousseau, 14.
Gabrielle, rue Michel-Montagne, 4.
Gary place du Palais, 12.
Gibert (A.), rue St-Rémy, 39.
Gonfreville, rue Devise-Saint-Pierre, 4.
Gratian frères, place du Palais, 10.
Héron (J.-B.), rue des Argentiers, 37.
Jenny (Mlle), quai des Chartrons, 88.
Labat jeune, place du Palais, 22.
Labro (Jules), et Ce, place du Palais, 7.
Léon aîné, fossés de Ville, 7.
Lutard jeune, fossés de Bourgogne, 43.
Massicu, c. Saint-André, 38.
Meynard et Garrive, place du Palais, 16.
Moreau, rue Tour-de-Gassiès, 1.
Papin et Ce, place du Palais, 18.
Petit, rue Sicard, 34.
Préaut (E.) et Gauthier, place du Palais, 21.
Salles et Ce, rue des Argentiers, 33.
Serre (J.), fossés de l'Intendance, 69.
Sillimann (Ch.), rue de Malerci, 7.
Sol, rue du Pont-Long, 72.
Tardieu (Ch.) frères, fossés de Bourgogne, 41.
Vonillat, rue Fort Lesparre, 6 et 8.

Toiles.

Beascher (Ch.), rue Saint-Pierre, 2.
Blumerle jeune, rue Ste-Catherine, 87.
Bonhur, rue Sainte-Catherine, 25.
Bonneval, rue des Argentiers, 31.
Duthil, rue Mauriac, 6.
Janesse frères, rue des Argentiers, 19.
Laval (Honoré), rue des Faussets, 10.
Lemoine fils, rue Michel-Montagne.
Maigrot (veuve) et Ce, rue Ste-Catherine, 50.
Maubourguet-Maisonneuve, rue Ste-Catherine, 49.

Mauras et fils frères, rue St-Rémy, 4.
Mirat frères, fossés de Bourgogne, 44.
Moreau, fossés de Bourgogne, 42.
Ramond jeune et Boirie, rue Ste-Catherine, 10.
Rival F., rue Ste Catherine, 17.
Tesnier, rue des Argentiers, 6.
Vetzel (Jules).

Nouveautés.

Aimelafille jeune, rue des Epiciers, 15.
Alvarès père, rue Judaïque, 25.
Ballande, rue St-James, 24.
Baptiste frères, rue Bouquière, 62.
Batut (E.), P. ch. de Begle, 2.
Billioque père, fils et Fauchér, fossés du Chapeau-Rouge, 42.
Cadix, rue Fondodège, 175.
Castro (J.), place du Grand-Marché, 16.
Cassant (Ch.), rue Ste Catherine, 73.
Caussade, fossés St-Eloi, 50.
Coiffard et Duplat, rue St-James, 40.
Crespy fils et Lafon, rue Ste-Catherine, 80
Durand et Chancel, rue J.-J. Rousseau, 14.
Duval (A.) et Duval jeune, rue Ste-Catherine, 2.
Fauconnier et Tartif, rue des Argentiers.
Garnier aîné, rue St Pierre, 2.
Gibert, rue St Rémy, 39.
Guillot et Giroux, rue Ste-Catherine, 21 et 23.
Jalama frères et Cᵉ, place de la Comédie, 5.
Lachere, fossés St-Eloi, 33.
Larue, cours de l'Intendance, 71.
Martinon et B. Lavergne, rue St-Rémy, 64.
Morange (Mlle), rue Ste-Catherine, 7
Noé (C.), rue Ste-Catherine, 99.
Passade neveu, fossés St-Eloi, 35.
Passeveau, rue St-Rémy, 40.
Revollon-Guichard, rue St-James, 19.
Rodrigue (J.), passage de la Galerie, 25 et 27.
Salomon frères, allée Tourny, 30.
Serres, cours de l'Intendance, 67.
Seynat fils, fossés St-Eloi, 41.
Sussac aîné, rue des Argentiers, 8.
Tallemont, Cunigand-Dumont et Cᵉ, rue Ste-Catherine, 19.
Tisseyre et Cᵉ, fossés St-Eloi, 45.
Troubat (Emile), place du Parlement, 12.
Veyret, place du Parlement, 7.
Vincent et Cᵉ, rue Ste-Catherine, 37.
Hangarter.
Chimène.
Labeau.
Giraud.
Brustis.
Roussel.
Marchet.

Nouveautés.

Marcoyeau.
Dubroca.
Rodrigues.
Taxilde.
Latour.
Dampon.
Fontaine.
His.
Donadieu.

Tailleurs.

Audebès et fils, allée de Tourny, 4.
Aradel, rue Château-Trompette, 2.
Billioque jeune, fossés de l'Intendance, 10.
Boué fils, rue Cancéra, 23.
Buy, fossés de l'Intendance, 22.
Chassin, cours du 30 Juillet, 2.
Coustantin, fossés du Chapeau-Rouge, 53.
Desqueyroux, fossés de Bourgogne, 57.
Destouet, rue St-Rémy, 60 et 62.
Dubedat, fossés de l'Intendance, 19.
Dubreuil et Cᵉ, fossés du Chapeau-Rouge, 42.
Gommes, fossés du Chapeau-Rouge, 40.
Gontier, Sautet, place de la Comédie, 4.
Goossens, fossés du Chapeau-Rouge, 38.
Augrand Saint-Martin, cours du 30 Juillet, 8 (maison des tailleurs associés).
Greff, quai des Chartrons, 91.
Guérineau, rue St-Rémy, 38.
Lacepède, rue des Religieuses, 43.
Lachèze, cours du 30 Juillet, 2.
Lammens, fossés du Chapeau-Rouge, 34.
Lafourcade, rue Esprit-des-Lois, 25.
Laportérie, Marché-Royal, 42.
Lhéner aîné, fossés du Chapeau-Rouge, 42.
Martin (Ch.), rue Gobineau, 2.
Meller, rue Esprit-des-Lois, 27.
Perrel, piliers de Tutelle, 17.
Pujo frères, fossés de l'Intendance, 3.
Quentin et Cᵉ, fossés du Chapeau-Rouge, 28.
Rodrigues (L.), cours du 30 Juillet, 4.
Rodrigues (H.-J.) jeune et Cᵉ, place de la Comédie, 2.
Rouca, rue Montesquieu, 8.
Saint-Germain, rue Ste-Catherine, 8.
Silvestre et Hérisson, fossés du Chapeau-Rouge, 6.
Thevenin, fossés du Chapeau-Rouge, 52.
Vall (F.), maison Daurade.
Van-Campenhouet (Louis), façade des Chartreux, 77.
Pailhès.

BARSAC.

Draps.

Bondin.
Landunaud.

BLANQUEFORT.

Draps et Toiles.

Bellon.
Denigès.
Fillon.

CADILLAC.

Négociants

Cazeaux.
Delcros frères.
Desbats Alexis.
Lataste.
Médeville (J.).

CASTELNAU-DE-MÉDOC.

Draps.

Bergeron.

CRÉON.

Draps.

Dordet.
Lhoste.
Rousse.

PORTET.

Draps.

Debourdieu.

SAINT-ANDRÉ-DE-CUBZAC.
Négociants.
Béchedergue.
Bellouard.
Lançade.
Thière frères.

SAINT-LOUBES.
Négociants.
Castillon.
Villefranque aîné.

SALLES.
Draps.
Dubreuilh.

LA TESTE-DE-BUCH.
Bourriquant (veuve) et Moreau.
Dalis.
Pontac frères.
Turpin.

Arrondissement de Bazas.
BAZAS.
Draps.
Besseron.
Bonfils-Labat.
Depons.
Ferrand.
Lesparre.

GRIGNOLS.
Draps.
Maisonnave.

LANGON.
Drapss.
Castets.
Caubet aîné.
Caubet jeune.
Fonsèque aîné.
Fonsèque jeune.
Mercier.
Buros fils.
Gautier.

Arrondissement de Blaye.
BLAYE.
Draps.
Avisse.
Barabraham.
Bermont.
Bresson aîné.
Bresson J.
Chaumet.
Clemenceau.
Rabache.

BOURG-SUR-GIRONDE.
Draps.
Courpon.
Cousteau.
Martin.

SAINT-CIERS-LA-LANDE.
Draps.
Massé.
Rambaud.

Arrondissement de Lesparre.
LESPARRE.
Draps.
Dechelle.
Guitteau.
Perrin (H.).
Rey père et fils.

PAUILLAC.
Draps.
Aulon neveu.
Bureau.
Charouleau.
Diet.
Lagrave.

Arrondissement de Libourne.
LIBOURNE.
Draps.
Calmette.
Ducos.
Fortin.
Bonneterie et Soiries.
Gallot.
Hericé.
Lacombe.
Lavau.
Massol.
Nicolas frères.
Rulleau.
Mercerie.
Chatard.
Gaspard.
Greloud.
Jaille.
Molina.
Vinson.
Tailleurs.
Auzereau.
Jannet.
Kremff.
Lauray.
Magne (H.).
Mourguet.
Rolland.
Rullcau.
Toiles.
Cathelan jeune.
Dubuch.
Duthil.

BRANNE.
Négociants.
Coutreau.
Laurent.
Ricaud.

CASTILLON.
Draps et Toiles.
Ve Barbeyron.
Fournies.
Guiroudon.
Laporte.
Meynard.
Geraud (veuve).

COURTRAS.
Négociants.
Durand (Justin).
Fellonneau fils.
Montheuil (Léon).
Sarrazin aîné.
Sarrazin (F.).

GENSAC.
Draps.
Angelin fils.
Dumail.
Monfrand neveu.

LUSSAC.
Draps.
Chambarrière.
Dhers.

RAUZAN.
Draps.
Guillet.

SAINTE-FOX-LA-GRANDE.
Draps.
Marot et Cramaix.
Meyniel.
Paris.

Arrondissement de Laréole.
LARÉOLE.
Draps.
Bascobe.
Becquet.
Castets aîné.
Castets jeune.
Favereau fils.
Felon fils et frères.
Tailleurs.
Castagnet.
Desaméric aîné.
Desaméric jeune.
Goujard.

Lançon.
Mongie.

MONSÉGUR.
Négociants.
Gray.
Gaubert et Pasquerie.
Sorbier.

SAINT-MACAIRE.
Négociants.
Sauboua.
Sieurac.

Département de l'HÉRAULT.

Arrondissement de Montpellier.
MONTPELLIER.
Draps.
Bourrelly (Auguste) et C°.
Castan et C°.
Guiraud frères.
Guiraud et Fabre frères.
Martin (François) et C°.
Matet et Valentin.
Maumejan (Isidoré).
Mazet et Reynes cadet.
Maumejan (Isidore).
Puech frères.
Roude et Amalou.
Suquet et Coupiac.
Visseq frères.
Rouennerie et Nouveautés.
Mirabeau.
Achard.
Anteroche (Mlle).
Becane-Fangoux.
Bonde.
Carrière.
Chamayou et Barrandon.
Claris (Marguerite).
Coissard-Combemalle.
Combal frères.
Cousin-Vernet.
Dautigny.
Deleuze-Guillaumon.
Gervais frère et sœur.
Lange et C°.
Montel cadet, père et fils.
Lonjon Gondon.
Montel-Norzy et C°.
Montel (Elisée).
Node-Veran, Reboul.
Ronstic (F.).
Trinquè (Mlle).
Camus.
Poitevin.

Tailleurs.
Conlon.
Martin.
Serran,
Cruvillier.

CASTRIES.
Négociant.
Redier.

CETTE.
Draps et Nouveautés.
Faugère.
Rozan (E.). et C°.
Sezary frères.
Sezary Vivarey.
Sezary cadet.
Torquebiau fils aîné.

GANGES.
Draps et Nouveautés.
Baral frères.
Bastide.
Caizergues.
Castanier.
Caucanas.
Gros.
Poujol (J.).
Ribard.
Ricard père et fils.
Rose.
Teissonnière (Emile).
Mercerie.
Buisset (veuve).
Falguière (veuve).
Grevoul (M.),
Olivier (F.).
Roux.

LUNEL.
Draps.
Bastide-Viguier.
Grégoire (A.).
Grégoire aîné fils.
Grégoire-Carbonnier.
Martin.
Renard.
Mercerie.
Aubanel.
Gauthier.
Puech-Chabrol.
Triol.
Vigier fils.

MÈZE.
Albrand fils.
Albrand neveu.
Albrand cadet.
Bessier.
Cablat.

ST-MARTIN-DE-LONDRES.
Gairaud et Rouvairolles.
Viala.

Arrondissement de Beziers.
BEZIERS.
Draps et Toiles.
Allingri frères.
Argence.
Arnaud (S.).
Arnaud cadet.
Andouy (veuve).
Belland.
Calas-Meilhac.
Couronne-Bourquet.
Gairaud.

Goud (A.)
Miquel cadet.
Murat et Lamothe.
Theveneau aîné (J.-J.)
Eustache.

Mercerie.

Cacarrié.
Chaulan.
Colombeau.
Cervronne.
Fontaine.
Gast.
Gely.

Merciers.

Ginouillat.
Lautheric.
Mathieu.
Régis.
Rouvière.

Nouveautés.

Mailhac.
Tudiez (veuve).
Bar hez.
Coste.
David (L.).
Bourguet

AGDE.

Draps et toiles.

Bedos.
Cassan.
Combas (A.).
Fitton.
Philip.
Mallet.

BÉDARIEUX.

Draps.

Abelous (L.).
Barnier.
Bompayre et Aubrespy.
Campagne.
Cruveillé aîné et neveu
Cruvellié-Mathieu.
Debru (J.).
Donnadille frères.
Fabregat père et fils.
Flamman et Vital.
Mouly père et fils.
Puech et fils.
Sicard (Pierre).
Triadou frères.
Vernazobres.

Merciers.

Benoist.
Ferret.

CAPESTANG.

Négociants.

Crozals frères.

CAUX.

Négociants.

Astruc.

PEZÉNAS.

Nouveautés.

Barthèz.
Beaumes (G.).
Brouliet sœurs.
Boyer-Foray.
Cabot.
Mascou.

Tailleurs.

Leroux.
Mouriez fils.
Sarrat.

Draps et Toiles.

Esconrbiac frères.
Franc.
Letellier.
Mazières-Astruc.
Poujet-Alaux.
Senaux et Ce.
Vidal et Ce.

PUISSERGUIER.

Rouennerie et Toiles.

Appal.

Arrondissement de Lodève.

LODÈVE.

Draps, Toiles.

Arsson.
Barascud (veuve).
Cremieux.
Ganilh.
Lubac.
Jourjon.
Maymard.
Michel.
Puech (F.).
Rabejac (Mlle).
Vallat (A.)
Virenque (veuve).

Merciers.

Arrazat.
Beaupillier.
Bernard.
Capteyrade (A.).
L'homel.

CLERMONT-L'HÉRAULT.

Draps.

A inat frères.
Boissière frères et Ce.
Animat (P.).
Bruguière et Ce
Delpon et Ce.

Lugagne.
Mareau et Devaux.
Planque.
Portes.
Portes cadet.
Rouquet.

Nouveautés.

Crémieux.
Jeanjean aîné.
Selmy aîné.
Belous.
Boudou.
Lavagne.

Merciers.

Boissière fils.
Levasseur (G.).

GIGNAC.

Toiles.

Lonjon.

MONTPEYROUX.

Négociants.

Lonjon (P.) fils et neveu.
Lonjon (A.).

SAINT-ANDRÉ-DE-SANGONIS.

Draps.

Eymar.

Arrondissement de Saint-Pons.

SAINT-PONS.

Rouennerie.

Lignon.
Dumas.

SAINT-CHINIAN.

Draps et Toiles.

Anselme aîné.
Dupoux (Jules).
Gaubert (Mlle).
Maury fils.
Souilhac.
Bonal.
Gaubert.

LA SALVETAT-SUR-AGOUT.

Draps.

Pons (veuve).
Théron (S.).
Talobre (veuve).

Département d'ILLE-ET-VILAINE.

Arroddissement de Rennes.
RENNES.
Draps et Nouveautés.
Chaumont
Duplessis.
Gilles.
Gitton Lefranc.
Grange-Levilain.
Graux jeune.
Guillot.
Leveillé.
Marin aîné.
Mazelle.
Michèlland.
Moizard Jules.
Mollet Achille.
Nogues fils aîné et Ce.
Pean jeune.
Poignand frères.
Tutot Charles.
Merciers.
Bérard frères.
Bonis.
Chicandard aîné.
Duveau E.
Giffard-Leraître.
Lepage Louis.
Maruelle jeune.
Mauger.
Met frères.
Pringauld.
Rouxel Peschard.
Thouault-Duhautvrille et Folliard.
Turboust aîné.
Graux jeune.
Nouveautés.
Duhuville.
Cheuillier.
Serais-Chalet.
Templer.
Mesnard.
Coursier.
Tailleurs.
Chevraulais.
Chenest.
Crouteau
Daubé.
Faisant.
Fouché.
Lehédois.

Arrondiss. de Montfort-sur-Meu.
MONTFORT-SUR-MEU.
Draperie et Rouennerie.
Davothe.
Chevalier F.
Graslaud.
Labbé.
Latouche.

MONTAUBAN.
Draps.
Eon.
Lesné.
Roussin.

SAINT-MÉEN.
Négociants.
Gérard.
Lefranc.

Arrondiss. de Redon.
REDON.
Draps, Rouennerie, etc.
Berthon.
Lemonnier.
Hamon (J. H.)
Lenoir.
Pavot (Mlle).
Pellan (veuve).
Rivière.
Ameline Pellan.
Normand.
Liolivier.

BAIN.
Draps, Toiles.
Boutin.
Gaulé.
Hesnard.
Jacquard.
Saffray.
Mercerie.
Deniel.
Fauvel frères.
Masson-Guichen.
Pitois.
Solleur.

Arrondiss. de Saint-Malo.
SAINT-MALO.
Draps.
Baillet.
Fleury.
Frangeul.
Pautonnier.
Rault.
Reuzé fils.
Toiles.
Bertrand.
Champion H.
Jouan Louis.
Loroux.
Richelot fils.
Teyssot.
Brune Grivier.
Deforge Lenoir.
Domalin.

PIRÉ.
Draps.
Bletteau.
Boulry.
Gagné-Letor aîné.
Leclerc.

Arrondiss. de Fougères.
FOUGÈRES.
Draps.
Bouteloup frère et sœur.
Chevreult.
Leray.
Poulain.
Guérin-Closier.
Gilles.
Baron Royer.
Robineau (Mlles).
Boisard.
Desgué.
Merciers.
Gaumer fils.
Legros.
Martigné.
Prod'homme.
Bertin Raimbault.

AUTRAIN.
Benizit-Lefeuvre.
Caffart.
Dalignault aîné.

BAGNÈRES-LA-PÉROUSE.
Draps.
Ory.
Perrier.
Romé.

SAINT-AUBIN-DU-CORMIER.
Toiles.
Ramboz fils aîné.
Thomas frères.
Lecor.
Nepveu.
Rivière (veuve).
Vauttier (Mme).
Boillon.
Perdrier.
Peraux.
Nouveautés.
Giquel.

Lecoq (Mlle).
Nepveu.
Leroux.
Beral (Mme).
Salmon fils.
Vaultier (Mme).
Mercerie, Toiles.
Hamel.
Carnaftan.
Lachambre (Mlle).
Latouche.
Cariot.
Doinnel.
Froment.

COMBOURG.
Draps et Rouennerie.
Gautier.
Viard (Mme).
Vigour.

DOL.
Draps.
Depilly.
Lepennetier.
Malard (Et.).
Neveu (Mlle).

Peignon.
Sourdain.

SAINT-SERVAN.
Draps, Toiles.
Cau.
Dolley.
Teissier.
Baratte.
Herpin.
Merciers.
Legrand.
Leroux.
Morel.
Ponillat.

PLEURTUIT.
Etoffes.
Fougerat (veuve).
Gouin.
Goyet.

TINTENIAC.
Draps et Toiles.
Arthur.
Aousgtin.

Delion (veuve).

Arrondiss. de Vitré.
VITRÉ.
Bonneterie, Rouennerie et Nouveautés.
Michel-Beauvais.
Schwend.
Holopeau.
Draps et Etoffes.
Billion.
Maxence Fouquet.
Maxence Tuau.
Beauvais-Gendron.
Toiles.
Jacob.
Poulard.

CHATEAUBOURG.
Toiles.
Desgnez.
Etoffes.
Dureau.
Girardin.
Pannetier.
Ronsin.

Département de l'INDRE.

Arrondiss. de Châteauroux.
CHATEAUROUX.
Draps et Rouennerie.
Gaudiard.
Potier (Célestin.)
Denis et Moreau.
Normant frères.
Mercerie.
Bellier frères.
Constantin.
Duret.
Hudelot et Dizard.
Paratre Laprade.
Nouveautés.
Branthomme.
Juge.
Bonnichon.

Delaporte (Eustache.)
Degalle fils.
Gaudet.
Rouennerie et toiles.
Grumel, frères.
Grumel-Perras.
Roché jeune.
Potier (Célestin).
Jacques Bidault.
Soieries.
Pascaud-Pigelet.
Ronet-Gauthier.
Ratier.
Sabroux.

ARGENTON.
Draps et nouveautés.
Mercier, sœurs.
Thomas.
Pérusault-Pépin.
Binet.
Frapy.
Brillaud-Desgasson.
Patry.

CHATILLON-SUR-INDRE.
Draps et toiles.
Bourin.
Champagna.
Guérin.
Hudelot.

Laniboire.
Lesourd.
Giroux.

Merciers.

Giroux.

ÉCUEILLÉ.

Nouveautés.

Goubeau jeune.
Rabaron Eugène.

LEVROUX.

Toiles.

Lemor (Mlle).

Arrondiss. Du Blanc.

LE BLANC.

Draps.

Paupelin-Louvet.
Sallet.

Mercerie.

Boulitte-Froger.
Huin-Hudelot.
Plenot.
Turquand.

Nouveautés.

Plais (veuve).
Plankaert (Louise).
Plenot (Louis).

SAINT-BENOIST-DU-SAULT.

Draps, Rouennerie.

Favier.
Perdriget.
Mamerre.
Piton.

SAINT GAULTIER.

Draps et Rouennerie.

Boireaux jeune.
Chateau.
Guillozeau-Defay.
Suard-Peyrot.

Arrondiss. de La Châtre.

LA CHATRE.

Bontin-Boucher.
Moulin.
Rochereau.
Vayssaire.

Merciers.

Baudon.
Brochand.
Bugeard-Gourrier.
Deslevades.

AIGURANDE.

Draps.

Boyer.
Desfournioux-Rondeau.
Fauchère aîné.
Fauchère jeune.

Jacob.
Guill.
Jouhanneau.
Labreuille.
Pelletier.

CLUIS.

Draps et Nouveautés.

Bonnet.
Gandrion.
Nicaud-Miot.
Miot.
Santoir.

Arrondiss. d'Issoudun.

ISSOUDUN.

Nouveautés.

Bablin (Mlle).
Chuat.
Cirode-Daguin.
Guilpin.
Guillaume (F.).
Naudet.
Joly.
Peneau-Gauthier.
Perault et Piquet.
Pinchaut-Mayet.

Toiles.

Bardon père.
Deséglise.
Horay.
Pigelet cousin.

Département de l'INDRE-ET-LOIRE.

Arrondissement de Tours

TOURS.

Bonneterie.

Delalande.
Esnault.
Gounin-Pinau.
Gounin-Fagu.
Magot jeune.
Millet-Lecomte.
Vigier-Roye.

Draps.

Boulay aîné et Troupeau.
Boutard frères et Sonnet-Quantin.
Contreau.
Dalvin et Brard.
Desmolliens.
Justeau-Jardin.
Loyau-Canuet.
Poitevin.

Chiller-Maire.

Tailleurs.

Gaubert Testu.
Meunier.
Roy.
Serre.
Leroy.
Maignant.
Blivet.

Merciers.

Bonloiseau.
Bottier-Dissart.
Glassics Isère et fils.
Gillay-Guilbœuf.

Mercerie et Nouveautés.

Magaut-Viat.

Nouveautés.

Schesniter.
Dastre-Maurac.
Dorveau.
Devillebon.
Duclos-Alliot.
Fontenelle jeune.
Ve Goubeau et Pillereau.
Massot et Dorveau.
Moinet.
Casimir Morand et Ce.
Poitevin jeune.
Ribou (H.) et Ce.
Roullé-Courbe.
Yvon-Chanoix.
Césarisse (Mlle).
Ménard (Mme).
Guitard.
Deslis.
Pannetier.

Toiles.

Blaque-Boulanger.
Bisson.
Pouchannoix.
Dolvin et Bard.
Drome.
Jullié aîné.
Martin-Abot.
Adolphe.
Barlancé.
Bouché.
Duval.
Grognard
Guèche.
Gueneteau.
Jourdan.
Pied.
Rian.

Rouennerie.

Bontard frères.
Brouillard.
Houdia d'Honné.
Huault.
Quantin.
Lesnire.
Magot-Bonnet.
Mary-Domé.
Massot et Dorveau.
Pasquies Goubauld.
Ray Maxime.
Ribon (H.) et Ce.

AMBOISE.

Nouveautés.

Bongendre.
Avril.
Defaims.
Drouin.
Fossembas.
Fressard.
Michenet.
Perreau.

BLÉRÉ.

Bonneterie, Draps et Nouveautés.

Clément.
Genty.
Jacquelin (Mlle).
Soudée.
Vincent-Pineau.

Nouveautés.

Bodeau Vernier.
Vigneau.
Lemaître.

CHATEAU-REGNAULT.

Rouennerie.

Crosnier.
Melian.
Sornet.

CHATEAU-LA-VALLIÈRE.

Draps.

Chevrier.
Delacour-Barrier
Rivière.

SAINT-PATERNE.

Draps, Toiles.

Boulay.
Laporte.

Arrondissement de Chinon.

CHINON.

Draps.

Deniau.
Desbordes.
Michaut.

Mercerie et Nouveautés.

Page et Ménage.
Leconte.
Tissart.
Barnabé fils aîné.
Bernard et Reverent.
Duvau-Deniau.

Toiles.

Genevier.
Houdia Bert.
Sergent Rolland.

AZAY-LE-RIDEAU.

Draps et Rouennerie.

Ferré-Genest.
Fournier (Mlle).
Huet.
Morize (Mlle).
Roy (Mlle).

BOURGUEIL.

Draps et Nouveautés.

Defait-Fillin.
Voisin père.
Voisin fils.
Bourgin.
Dovalle.
Huard.
Bourgal.
Huet-Crochard.

CINQ-MARS-LA-PILE.

Etoffes.

Chivert-Hautreux.
Gannay.

ISLE-BOUCHARD.

Rouennerie et Etoffes.

Boivin.
Chamaillard.
Cotonet.
Dechartre.
Girard.
Dechezelle.
Daguet-Bonneau.

LANGEAIS.

Draps, soieries et Nouveautés.

Genty-Sagt.
Hemon.
Lebert.
Bigot, J.
Lubin.
Mabilleau.
Moriceau (Ve).
Palleau.
Pelgé.

RICHELIEU.

Draps et Nouveautés.

Bertrand.
Coignard-Rameau.
Lambert-Leblois.
Leridon.
Pichard-Goulier.
Viau Laurence.

SAINTE-MAURE-DE-TOURENNE

Etoffes et Toiles.

Bazanger.

Lambert aîné.
Maurice.
Lambert jeune.
Moreau.
Suchaire.
Tellard père.
Jouteux fils.

Arrondissement de Loches.
LOCHES.
Soieries et Nouveautés.
Arnould.
Assailli.
Bedoin.
Lhominy.
Marcellin-Boutel.
Nioche-Pannetier.
Picard-Gibert.
Ray (Ve).
Roux Rodin.
Venier-Brault.
Moreau.
Boutel-Sornet.

PREUILLY.
Draps et Nouveautés.
Besnard.
Bigot.
Charcellay.
Lorphelin.
Turquand (veuve).

Département de l'ISÈRE.

Arrondiss. de Grenoble.
GRENOBLE.
Draps.
Mermier et Deschaux.
Charpenne et Bernard.
Jouguet-Duhamel et Recoura.
Jullien et Robert.
Lafont.
Poncet et Bérard.
Mège aîné.
Quiquandon et fils.
Bigourdat et Rey.
Vallier et Bonnard.
Bondeau.
Fleury et Gagnière.
Mercerie.
Bérard fils.
Couthon.
Ferrari.
Girard, Dalicourt et Peloux.
Giraud, fils.
Goitre, fils.
Laurent Goitre.
Massarel, et comp.
Maton.
Rolland et Boyer.
Nouveautés.
Gruyer.
Guillaudin.
Perrin.
Chabas et Chevallier.
Tailleurs.
Blayon.
Bois.
Caillat.
Meraud.
Saul, cadet.
Richard jeune.
Samson.
Toiles.
Astier.
Bertrand.
Chatain.
Geny.
Jallifier.
Picard.
Viallet.

MENS.
Toiles, Rouennerie et Draperie.
Bachasse.
Demaffay.
Gauthier.

LA MURE.
Négociants.
Faure fils.
Raymond fils.

SASSENAGE.
Négociants.
Baudoin.
Plat.

SEYSSINS.
Négociants.
Bremier.
Dalmas.

VIZILLE.
Mercerie.
Chapuy.
Milon.
Poncet.

VOIRON.
Draps.
Rey-Robert.
Bonaymé aîné.
Bonnard.
Dalmais.
Deguet aîné.
Deguet cadet.
Fiere.
Toiles.
Allegret père et fils.
Biroard et Dépard.
Denantes père et fils.
Gery et comp.
Hulmière et Chauvet.
Landru et Ferrier.
Poncet (veuve) fils et comp.
Deschaux (Antoine) fils.
Poncet (Florentin).

Vial père et fils.
Roux oncle et neveu.

Arrondiss. de Saint-Marcellin.
SAINT-MARCELLIN.
Draps et Rouennerie.
Barbe.
Chevalier.
Charavil.
Simien.

IZEAUX.
Draps et Nouveautés.
Brun.
Baronnat.
Genou père.

RIVES.
Draps.
Michallet.

ROYBON.
Négociants.
Allibe frère.
Perret.

TULLINS.
Draps.
Barbier.
Berthel.
Maneci.
Toiles.
Falque.
Perrin.
Vilet.

VINAY.
Draps.
Boyoud.
Escoffier.
Mante.
Vignon.

Arrondiss. de La Tour-du-Pin.
LA TOUR-DU-PIN.
Négociants.
Baud.
Bouquet.
Belmont.
Cottin.
Couilloud dit Rallet.
Durand.
Gallien.
Perrin.
Phatel.
Redoux.

CRÉMIEU.
Draps.
Bulliat.
Coque.
Vernas.

LE-GRAND-LEMPS.
Draps.
Dien.
Dutruc et comp.
Gallien (Régis).
Lapierre.
Vial (J.).

PONT-DE-BEAUVOISIN.
Draps.
Buquin.
Pontet.

Rajon.

VIRIEU.
Draps.
Badin.
Guttin.
Julien.
Pelisson.

Arrondissement de Vienne.
VIENNE.
Draps.
Bon et Jullien.
Berderiat.
Cleret fils et Laurent.
Bois et comp.
Maniguet.
Montdidier fils.
Vandaine et Agitton.
Nouveautés.
Servant.
Garnier (Mlle).
Ollieu (veuve) et fils.
Puzin (J.).
Rondet.
Tolle (Mlle) (E.)

LA COTE-SAINT-ANDRÉ.
Draps.
Dumont (P.-J.)
Foret.
Marignat (F.)
Prud'homme fils.
Salomon.

ROUSSILLON.
Rouennerie.
Bourbonnais.
Civat.

Département du JURA.

Arrond. de Lons-le-Saulnier.
LONS-LE-SAULNIER.
Draperie, Soirie et Toilerie.
Boiteux et Ce.
Boyer.
Chavet neveu.
Maron père.
Maron fils.
Martinet frères.
Pouthier.
Piron fils.
Robbel-Masson (veuve).
Rodet-Gonot et Ce.
Merciers.
Robin.

Clertan.

Nouveautés et lingerie.

Arcelin sœurs.
Berteux.
Caron sœurs,
Commoy sœurs.
Dausse-Pascal.
Galland (Mlle).
Malatret (Mlle).

BLETTERANS.

Draps.

Crurille.
Febvre.
Perrod.
Guyetand.
Savoye et Desgouilles.

CLAIRVAUX.

Draps et Toiles.

Burlet frères.
Paulin.

ORGELET.

Draps et Toiles.

Baud.
Fumey.
Jaquier.
Poly.
Gendre (veuve).
Beudet sœurs,

SAINT-AMOUR.

Rouennerie.

Chevassus.
Duserre.

VOITEUR.

Draps et Toiles.

Parriaux.

Arrondissement de Dôle.

DOLE.

Draps et Toiles.

Bavilley et Muneret.
Coudry.
Daubigney.
Michaud frères.
Mille.
Patouillet.
Ribeaudet aînè.
Louvay et Levy.

Bonneterie.

Ducher.
Guyot Scordel.

Tailleurs.

Boissier.
Dubois,
Eme.
Maire cadet.

Arrondissement de Poligny.

POLIGNY.

Ballard.
Dreyfus.
Lambert.
Mignot.
Thiébaud.

ARBOIS.

Draps et Toiles.

Courtois.
Etievaut.
Grand.
Pagot.
Piquot.
Valluet,

Merciers.

Blanchard.
Bourlier.
Brodry.
Chapelu.
David.
Dorgeon.
Dosman.
Dugour.
Duley.
Gros Lambert.
Klinger.
Martin.
Mazza.
Orys (Mlle).

FONCINE-LE-HAUT.

Draps.

Blondeau (veuve).
Faivre-Roz.

Michaud.

NOZEROY.

Draps.

Lamberthod.
Monnier (J.).
Valle.

LESPLANCHES.

Merciers.

Michondet.

SALINS.

Draperie, soierie et Toilerie.

Lanfay (veuve).
Thiébault-Duchon.
Boussard.
Maubert.

Arrond. de Saint-Claude.

SAINT-CLAUDE.

Draps et Toiles.

Benoit (veuve).
Reymont-Chevassu.
Regad.
Chevassu-Monneret.
Grandperret.
Jobard (veuve).
Navet.
Maudrillon.

MOREZ.

Draps et Toiles.

Girod.
Grand fils.
Lamy.
Meynier.

Département des LANDES.

Arrond. de Mont-de-Marsan.
MONT-de-MARSAN.
Draps et Toiles.
Aaron.
Goreos.
Despaiquet.
Rival aîné.
Samson.
Sabathé.
Tachou.

ARJUZANX.
Draps.
Devert.

LABRIT.
Négociant.
Duprat.

VILLENEUVE-SUR-MARSAN.
Draps.
Lespine-Pujox.
Sourdois.

Arrondissement de Dax.
DAX.
Draps
Durrigades.
Bonnecaze.
Labeyrie.
Maas.
Nouveautés.
Berthon.
Gouvenot aîné.
Lacroix.
Lalanne (J.-B.).
Nourrit.

MAGESCQ.
Mercerie.
Ducousseau.
Garaux.

PEYREHORADE.
Draps et mercerie.
Boulogne.
Laforgue.
Léon.
Getten.
Lanusse.

SAINT-ESPRIT.
Gommes-Silva.
Léon.
Rodrigues-Salzedo.

SAINT-GEOURS-DE-MAREMNE.
Mercier.
Loustau.

SAINT-PAUL-LES-DAX.
Négociants.
Comentron fils.
Fromens.
Deslouis.
Maignes.

SOUSTONS.
Merciers.
Dartiguelongue.
Esperons.

Arrondissement de Saint-Sever.
SAINT-SEVER.
Dufourcq.
Dufourcq (veuve).
Dupouy.
Siot.
Mercerie.
Malherbe.
Nouveautés.
Mousseur.
Ressein.
Larède.
Samara.

AIR-SUR-L'ADOUR.
Draps.
Latrilhe.
Senac.

HAGETMAU.
Négociants.
Bonnefemme frères.
Duboy.
Dupouy et fils.
Ch. Laffitte frères.
Toiles.
Dutoya.
Saubasse.

MUGRON.
Négociants.
Hiard fils et Thomas.

TARTAS.
Draps.
Froment.
Froment (veuve).
Navarc.
Toiles.
Duprat.

Département de LOIR-ET-CHER.

Arrondissement de Blois.
BLOIS.
Bonneterie.
Aubonnelle.
Dufour.
Martin-Floceau.
Proust aîné.
Draps, Toiles.
Brisson.

Rouennerie.

Brisson.
Chambert-Nibard.
Cohaut-Bourdon.
Contant (A.).
Corbin.
Grandinot.
Jérémie Berland.
Lepage.
Lenail et Oudin.
Lutier et Jahan.
Lutier jeune.
Marchand (Léop.).
Maurice-Adam.
Mulot-Clereau.
Pacault.
Ragneneau.
Simon.
Michel.

Mercerie.

Bernier.
Lecour-Foucher.
Paret.
Sausse-Toutain.
Dufour.

BRACIEUX.

Négociants.

Adam.
Bouzy-Noury.

CONTRES.

Draps et Nouveautés.

Dassier.
Mallard-Richaudeau.

Nouveautés.

Babou (Ve).
Dassier-Maslet.
Patureau-Jahan.
Maillard-Daudin.

HUISSEAU-SUR-COSSON.

Draps.

Bonnet.

MER.

Draps.

Gaillard.
Cointepas.
Houry.
Daven.

LESMONTILS.

Draps.

Michelet.

OUCQUES.

Draps et Toiles.

Baston-Blanchet.
Couratier.
Duperche.

Arrondiss. de Romorantin.

ROMORANTIN.

Rouennerie et Nouveautés.

Aubin-Baranger.
Baudon-Duclos.
Charenton et Michel.
Charpentier Vibert.
Chereau (Mlle).
Joubert Moreau.
Naudin.
Plat-Morin.

CHAUMONT SUR-THARONNE.

Draps.

Moreau père.

SELLES-SUR-CHER.

Rouennerie.

Prieur-Jouanneau.
Touttain-Bernier.
Bodin.
Poilecot.

Arrondissement de Vendôme.

VENDOME.

Draps, Rouennerie, Nouveautés.

Boissier-Riverain.
Bordeau.
Cormier.
Dechargne.
Deniau-Gassot.
Denis Lattron.
Foucault.
Londier.
Reboussin frères.
Renard-Garreau.
Brunet.
Lepine.

Mercerie.

Compain.
Elie.
Gatien-Arnoult.
Marcellier.

COUTURES.

Draps.

Dubois-Soutif.
Martin-Fougery.
Martineau.

MONTOIRE.

Bonneterie et Étoffes.

Monclaire (Octave).

Marchands d'Étoffes.

Audraud.
Billard-Ledru.
Debourges.
Mauclair.
Vé-Morisseau.

Merciers.

Audebert.
Chataigner.

Rouennerie.

Dufour-Bordier.

Négociants en laines.

Debourges.
Joubert-Sonnet.

MONTDOUBLEAU.

Draps, Toiles et Rouennerie.

Blanchelande.
Cuvier.
Javary-Barreau.
Jubin.
Vaunier-Barbier.

SAINT-ARNOULT.

Draps.

Pegier-Moreau.
Serreau-Allaire.

TERNAY.

Draps.

Aubin-Bellande.
Barrault-Martin.
Bloc (B.).
Duchesne (J.)

Département de la LOIRE.

Arrondis. de Montbrison.
MONTBRISON.
Draps et Toiles.
Claire.
Chaize.
Lenoir.

FEURS.
Rouennerie et draperie.
Chazal.

SAINT-BONNET-LE-CHATEAU.
Draps.
Favier.
Robert.
Roux.
Taveau.

SAINT-JUST.
Rouennerie, Draperie et Toiles.
Dufour (Mlle).
Grenetier (veuve) Pauline.
Olivier-Guérard.

SURY-LE-COMTAL.
Draps.
Dissart.
Méchalon.
Rollaud.

Arrondiss. de Roanne.
ROANNE.
Draps, Nouveautés.
Chevallard.
Bouvray.
Caire.
Caire et Audiffret.
Girardet.
Marc-Saint-Quantin.
Soieries.
Chassignolles.
Favre, Chavin et Meunier.
Fougerat et Gardet.
Masson.
Nourrisson.
Portier.
Rouennerie et Toiles.
Coste Gonsollin.
Colambat-Escallier.
Durand et Chamussy.
Cinquantin et Marque frères.

CHARLIEU.
Draps.
Dechelette.
Duffut.
Trouillet.
Vadon J.
Toiles.
Auclair.
Camard.
Cordereau.
Desnoyer.

LA PACAUDIÈRE.
Draps. Toiles.
Ducerf.
Lafay.

REGNY.
Draps.
Chapuis.
Guillon.

SAINT-GERMAIN-LAVAL.
Draps.
Mivière.
Ville.

SAINT-SYMPHORIEN-DE-LAY.
Draps.
Mariatton.
Tardy.
Marguerite.
Toiles.
Dumolin.
Moncigny.

Arrondiss. de Saint-Etienne.
SAINT-ETIENNE.
Bonneterie.
Bamola (E.).
Grau aîné.
Vernis.
Draps et Nouveautés.
Bernard fils et Ce.
Brun et Bourrier jeune.
Dubruc et Ce.
Dumas et Bernard.
Gay-Garde.
Georges.
Best-Badiou.

Greilsamer frères.
Grubis.
Kayser.
Mallen.
Paulet.
Picard.
Réocreux.
Staron Roux.
Vignon et Ce.
Toiles et Calicots.
Durand (C.).
Hubin (V.).

LE CHAMBON.
Draps.
Preher.
Racodon sœurs.

FIRMINY.
Draps et Toiles.
Bachelard.
Bertail-Perrin.
Jousseraud.
Meyrieux.
Perrin-Perrin.
Vallette.
Merciers.
Limousin.

PELUSSIN.
Merciers.
Crozet.
Curvat.
Maillet.
Marcellin.

RIVE-DE-GIER.
Merciers.
Marrel et Virissel.
Draps.
Besson.
Brossy frères.

SAINT-CHAMOND.
Draps et Nouveautés.
Jayet.
Roux (Mme),
Thevenon (veuve).
Mercerie.
Moze.
Ogier.
Ogier fils.

Département de la LOIRE (HAUTE-).

Arrondiss. de Lepuy.

LEPUY.

Draps.

André et Ce.
Alirol.
Champavère et Souteyran.
Gallice et fils.
Gazanion-Lafont.
Johanny.
Lafont-Pardinel.
Sabarot et Ce.

Draps, rouennerie, nouveautés et toiles.

Arnoult.
Achard Largier.
Crouzet Lacombe.
Dulac Malzien.
Joyeux fils.
Lafont Pardinel.
Richard.
Joyeux-Bergenhoux.
Lasteyras.
Margueride.

Tailleurs.

Dubreuil.
Pradon.
Verdier.
Monnier-Coste.

CRAPONNE.

Draps et Rouennerie.

Bonjour.
Delaigne.
Delcros.
Gomonet.

FAY-LE-FROID.

Draps et Toiles.

Bouix.
Royet.
Salque.

Arrondiss. de Brioude.

BRIOUDE.

Draps et Rouennerie.

Achalme.
Besson.
Garanty.
Garein.
Ravaysse.

Arrondiss. d'Yssengeaux.

YSSENGEAUX.

Draps et Rouennerie.

Boisset.
Foret.
Jamon.
Jamon jeune.
Rocher.
Salques fils.

BAS-EN-BASSET.

Draps.

Grasset.
Peyrard.

SAINT-PAL-DE-CHALENÇON.

Négociants.

Tellière.
Dance.
Dance (A.).
Valayre.

Département de la LOIRE (INFERIEURE-).

Arrondissement de Nantes.

NANTES.

Draperie Soieries et Etoffes.

Adam.
Baudry.
Baty.
Allegret et Ce, Basse Grande-Rue, 14.
Aubin, place du Pitori, 3.
Baudot et fils place Egalité, 1.
Bernard, rue des Halles, 11.
Boissière, rue des Halles, 2.
Boyé (L.), rue des Halles, 17.
Bernon-Leroux, place Egalité, 11.
Bonraisin, J., Tillaud et Ce, rue du Dumoulin, 10.
Chaumier, rue de la Poissonnerie, 25.
Calluaud, rue de la Fosse, 23.
Chauvineau, rue de la Poissonnerie 33.
Cheguillaume et Ce, rue Briord.
Constantin frères, Place Egalité, 7.
Daguzon fils et Potier, rue de la Poissonnerie, 24.
Fraisse et Patasson, place Royale, 1.
Ganuchaud, rue de la Poissonnerie, 27.
Gueudet, rue des Halles, 9.
Lajeunesce Marx et Ce, rue du Calvaire, 18.
Lafontaine frères et A. Gueudet, rue des Carmes, 10.
Livet et Geuit, rue du Moulin, 22.
Ve Mabaut, rue de la Poissonnerie, 26.
Margotin (L.), rue des Halles, 13.
Martin et Peigne, rue des Bons-Français.
Martin-Thomassin, quai de la Tremperie.
Nail et Decourty, rue du Moulin, 12.
Pellerin aîné rue de la Poissonnerie, 39.
Poilievre (J.), rue du Moulin, 4.
Polo et Thébaud, rue de la Casserie, 3.

Polo aîné et Ce, rue de la Poissonnerie.
Richard-Giteau, rue de la Poissonnerie, 23.
Senéé, rue de l'Échelle, 3.
Taste, rue de la Poissonnerie, 37
Lalande.
Deslandre.
Ferrant.
Mandar.
Jovillier.
Sarazin.
Bavallier.
Devarrenne.
Sanglier.

Nouveautés, Draperie, et Rouennerie.

Allory-Gillois, rue d'Orléans, 7.
Barberel, (Au gagne petit) rue de la Fosse, 5.
Binet et Becel, Basse-Grande-Rue, 25.
Blanc (A.-L.), rue de la Commune, 10.
Boucher, (Au pauvre diable) place du Change.
Brossaut, (A la ville de Nantes) rue Crébillon, 15.
Charuel aîné, rue Crébillon, 14.
Coicaud frères, rue de Lérail.
Duché (R.) et Ce, place Égalité, 10.
Dumoustier sœurs, rue, Crébillon, 1.
Duvanel-Corniller, rue d'Orléans.
Ferrus frères, (Au rat goutteux) quai de Penthièvre, 1.

Cachemires, Crêpes de Chine, Trousseaux, etc.

Fraisse et Patasson, place Royale, 1.
Gaillard aîné, carrefour Casserie, 8.
Lami et Laffon, place de l'Égalité, 1.
Leroux Gaudin, rue d'Orléans, 8.
Puibaraud-Bentier, place Égalité, 1.
Fraucaise.
Frangneul.
Rez-Chauvet, rue de la Casserie, 7.
Delaunay.
Danday.
Roinay.

Marchands-Tailleurs.

Aubin, place de l'Égalité.
Bonhiol, rue d'Orléans.
Douand, rue du Peuple
Joubert, rue Boileau, 5.
Lévy, rue de la Fosse.
Moléon, rue Crébillon, 13.
Rayteghem, place de l'Égalité.
Reetz, rue Crébillon', 18.
Rousseau, rue Jean-Jacques, 9
Séchez, rue Crébillon, 8.
Thébaud, quai Lamartine.
Levry.
Rodrigues.
Crussi.

CLISSON.

Négociants en Laines et Cotons.

Cheguillaume (P.) et Ce.
Gautret.
Lenoir.

Arrondissement d'Ancenis.

ANCENIS.

Marchands Drapiers.

Loyer-Angebéault.
Pasquier.
Pérignon.

Arrondissement de Châteaubriant.

CHATEAUBRIANT.

Draps.

Cabard.
Derouet.
Lorieux-Parnetty.
Masseron.
Thomery.

Mercerie.

Auger.
Carabin.
Lecoconnier.
Rialland (J.).

SAINT-JULIEN-DE-VOUVANTES.

Draps.

Emault.
Potier.

NOZAY.

Nouveautés.

Feillet.
Hélis.
Pasgrinaud.

Arrondissement de Paimbœuf.

PAIMBOEUF.

Draps et Rouennerie.

André.
Aubré.
Chevalier.
Colomb.
Gautret-Denis.
Merlet (veuve).
Metgy.
Michel.
Viaud.

Arrondissement de Savenay.

SAVENAY.

Draps.

Dormerais.
Lenoir (T.).
Masseron.

Mercerie.

Pesnel.

LE CROISIC.

Négociants.

Caille jeune.
Dubauchet (R.-T.).
Frogier fils.
Jorgensenn.
Lebarbier de Pradan.
Levesque et Benoit.
Tessier.
Vaillant et Amelot.

GUÉRANDES.

Draps.

Danion.
Delabrosse.
Jau.
Lévèque.
Pichot.
Rochefort.

SAINT-NICOLAS-DE-REDON.

Négociants.

Joseph Simon.
Félix Oneill.

Département du LOIRET.

Arrondissement d'Orléans.

ORLÉANS.

Draperie, Rouennerie et Nouveautés.

Burdel.
Charroy frères.
Fouqueteau et Cᵉ.
Joran.
Georget (A).
Guillaume-Rime.
Hermeline.
Hamois.
Mesuré Maréchal.
Pari-Blanchard frères.
Paquot.
Pichelin.
Pillois-Bulloi.
Proust et Bertrand.
Rabourdin.
Ligneau.
Varnier.
Hollier.

Rouennerie.

Bizot-Fauconnier.
Dupont.
Fousset Masson.
Legout.
Marchand.
Mothiron-Champdaroine.
Landré, Villette et Lemaire.
Pavi-Blanchard.
Ponceau.
Varnier et Bonichon.

Bonneterie.

Augenaut-Lesage.
Bonnet (Mlle).
Bruneau.
Cottin et Choquet.
Foucault.
Legros-Jallet.
Leprince Thomas.
Sanglier.

Toiles.

Barrue Blanchard.
Deshaye-Bonneau.
Leplat.

ARTENAY.

Rouennerie et Nouaeautés.

Pommeret-Gougé.

BEAUGENCY.

Draps et Nouveautés.

Alleaume-Daveluy.
Benoist Hème.
Bousseau-Alleaume.
Boutel-Baschet.
Dolive-aux-Chaudoné.
Huignard-Duhanot.
Julles Rozé.
Sebille-Herbaudière.
Trotignon-Nérot.
Etevé.

CHATEAUNEUF-SUR-LOIRE.

Draps.

Grivet Dufour .
Perrot (Mlle).
Poignard.

INGRÉ.

Mercerie et Nouveautés.

Audy-Grimault.

JARGEAU.

Nouveautés et Rouennerie.

Coutin-Feuillattre.
Croisez.
Grivot jeune.
Lambert-Martin.

MEUNG-SUR-LOIRE.

Draps.

Chenesseau-Esson.

Nouveautés.

Barbot.
Chicoineau.
Chenesseau.

NEUVILLE-au-BOIS.

Draps.

Guérin.
Houdas-Blanchard (veuve).
Ruzé.

Toiles,

Auger.

Arrondissement de Gien,

GIEN.

Draps.

Rigaud aîné.

Nouuveausés.

Caveroy.
Berard.
Hocquart.
Payen.
Rigaud frères.

BRIARE.

Draps et Rouennerie.

Giraud-Dusap.
Rigaud.

CHATILLON-SUR-LOIRE,

Draps, Rouennerie.

Jeannin.
Mouillot (fᵉ).
Quetin-Binet.
Sené (veuve).
Theurier-Binet (veuve).
Vallon-Pasquier.

SULLY.

Rouennerie.

Boullet.
Brague.
Chalopin.
Soyez.
Villaut.

Arrondissement de Montargis.

MONTARGIS.

Bonneterie.

Keinhans aîné,
Sauvar-Deflou.

Draperie.

Deflon-Chevreux.
Bellot.
Bouffray-Amaury.
Chouard .
Godefroy.

Rouennerie et Nouveautés.

Notaire.
Jusselin.
Raige.
Maurice-Triquard.
Piget.
Pophilat.
Ponceau.
Raige.

Tailleurs.

Chaumeron.
Sevin-Prochasson.

CHATILLON-sur-LOING.

Draps.

Cherbuy.
Desplace fils.
Leturcq.

COURTENAY.

Draps.

Collet.
Moutardier.
Pinoy père.
Renonciat fils.
Ternisien.

LORRIS.
Marchand d'étoffes.
Clément.
Desforges.
Leturcq.
Garnier-Theurin.

Arrondissement de Pithiviers.
PITHIVIERS.
Draps.
Gouache.
Pasquier.
Pichot.
Masson.
Presle.
Sigot.
Souchet.
Niocel.
Mercerie.
Bertheau.
Brochard (A.).

BEAUME-LA-ROLANDE.
Draps et Rouennerie.
Cassat (veuve).
Peron-Lebèque.
Popelin-Bertrand.
Popelin-Bidault.

LAAS.
Mercerie et Nouveautés.
Cassegrin.

MALESHERBES.
Draps.
Dumesny.
Leterme.
Gitton.

PUISEAUX.
Bonneierie.
Berger.
Boussingault frères.
Delphine.

Département du LOT.

Arrondissement de Cahors.
CAHORS.
Draps, Nouveautés et Toiles.
Bonhomme.
Bousquet (V[e]).
Filhol.
Giraud et Delmas.
Michelet (V).
Pontie et Ce.
Relhié.
Marty.
Cavarroc.
Ferrieu.
Huc-Issaly.
Lagarde.
Marmienes.
Perès.
Pontié-Desclaux.
Tailleurs.
Fermy.
Larnaudie.
Enson.
Roques.
Soulié.
Teysèdre.
Nouveautés.
Calmette.
Fermy (Mlles).
Revel.
Leric.

CATUS.
Draps.
Depetra.

Arrondissement de Figeac.
FIGEAC.
Draps.
Birot.

Arrondissement de Gourdon.
GOURDON.
Draps.
Courbès.
Lascombes.
Maury.
Vidaillot.

SOUILLAC.
Négociants.
Bargès.
Bergerol père et fils.
Clavel.
Calvel père et fils.
Doussot.
Garderain (C).
Garderain-Freylet.
Garry père et fils.
Pémézac.
Valat aîné.
Veyssié.

Département du LOT-ET-GARONNE.

Arrondissement d'Agen.
AGEN.
Merciers et Nouveautés.
Bourgade (J.).
Mikaleff (Et.).
Monié (veuve).
Montariol (veuve et fils ainé).
Pouyagut (Ch.).
Nouveautés.
Augarde.
Barbe.
Bartaynès fils ainé.
Monié.
Olivier veuve et Lavigne.
Rouennerie.
Albaret fils cadet.
Despat F. et Ce.
Cabrit B. J. et Ce.
Carénou et Ce.
Guîttard.
Jean Fabre Chirat et fils.
Fontenille jeune.
Juston et Guary.
Sabatier.
Laurans et Ce.
Lacaze.
Regade et Bajon.
Draps.
Arsequet ainé.
Besse fils.
Gouzet et Lacaze.
Guignard.
Labolbène-Pozzi.
Marcadet J. et Ce.
Maydieu et Gimbede.
Moutou Boé.
Bertrand Bernès.

ASTAFFORT.
Négociants.
Caussade.
Closte-Rmam.
Durand.
Jocris.

PORT-SAINTE-MARIE.
Draperie et Rouennerie.
Lafourcade.
Saramiac.
Merciers.
Cohn.
Larromet.

Arrondissement de Marmande.
MARMANDE.
Nouveautés et Etoffes.
Birac ainé.
Espenan neveu.
Massat.
Mouran.
Persignac.
Serres fils.

DURAS
Négociants.
Birot.
Jouvion (Jules.).

MAS-D'AGENAIS.
Négociants.
Lacoste fils.

MIRAMONT.
Draps.
Boderie.
Cazeaux.

SAINT-BARTHÉLEMY.
Draps.
Faustin.
Arnaud.
Pinaud.

SAINTE-BAZEILLE.
Draps.
Caillé.
Lartigue.

SEYCHES.
Draps.
Babot fils.
Ducosta.

TONNEINS.
Etoffes.
Fourcade.
Laffitte et A. Maureuil.
Manisac et Duclos.
Sarrat.

Arrondissement de Nérac.
NÉRAC.
Draps et Toiles.
Bresson.
Fieux.
Labarthe jeune.
Lassagne.
Sibrac.

CASTEL-JALOUX.
Négociants.
Cabanes.
Col fils.
Ducros.
Godard.
Lacroix.
Malbec.
Vigneau.

DAMAZAN.
Négociants.
Arrivet.
Ganos ainé.
Lacourrège.

LAVARDAC.
Négociants.
Capuron (C.).
Dumont, Grenier et Ce.
Paradis.

MÉZIN.
Draps, Toiles.
Brun frères.
Laplaine (N.).

Arrond. de Villeneuve-sur-Lot.
VILLENEUVE-SUR-LOT.
Draps.
Banneau.
Biers.
Bousquet.
Dufort.
Farges frères.
Lamouroux.
Mazet.
Mercerie.
Azemard.
Auzeral.
Calmel.
Calmette.
Cedié fils.
Devin.
Lacombe.
Laurent.

CASENEUIL.
Négociants.
Bourdil.
Boyer.
Constant.
Descamps.
Lafont frères.
Poulard.

FUMEL.
Négociants.
Caumont ainé.
Laffon.

Lagarde père.
Marguerit.
Philipot ainé.
Philipot jeune.
Rigal.

PENNE.
Négociants.
Melge.
Saint-Martin.
Sendiès.
Tapié.
Vigneau.

Fraissengues fils.

VILLÉRÉAL.
Merciers.
Garrigue.
Moullierac.

Département de la LOZÈRE.

Arrondissement de Mende.
MENDE.
Merciers.
Contastin (Mlle).
Félix (veuve).
Lapise Emile.
Oudin (Mlle).
Toiles.
Clavel Potevin.
Gaillard.
Maizac Pérès et Sirvens.

LANGOGNE.
Négociants.
Boyer.
Forestier.
Montfrein.

VILLEFORT.
Draps et Toiles.
Couderc.
Maurin.
Roux.

Arrondissement de Florac.
FLORAC.
Draps, Toiles.
Bernard.
Brioussous-aîné.
Teissonnière.

BARRE.
Draps, Toiles.
Lamarche (Mlle).
Pinet.

MEYRUEIS.
Bonneterie.
Roux.

ST-GERMAIN-DE-CALBERTE.
Toiles.
Toye.

Arrondissement de Marvejols.
MARVEJOLS.
Mercerie.
Fourt.
Nouveautés. Rouennerie.
Chas-Plantin.
Molinier.
Mallebiau.

LA CAYOURGUE.
Draps, Toiles.
Brunet (Mme).
Fabre.
Ladet.

SAINT-CHELY.
Négociants.
Gache aîné.
Toiles.
Bonnefoi (Isidore).
Boulet.
Ollier.

Département de MAINE-ET-LOIRE.

Arrondissement d'Angers.

ANGERS.

Bonneterie.

Assier.
Chudeau et Baron.
Desbois (veuve).
Dubier.
Dubois.
Gréand-Perrigault.
Guillot jeune.
Launay (Th.).
Lecoi (Mlle).
Lerille.
Michel aîné.
Moreau-Barier.

Nouveautés.

Gros.
Greleau.
Chenesseau.
Groleau.
Avenant (Auguste).
Barrier et Ce.
Chaletain.
Debrais (Me).
Desveaux.
Gancel.
Escot (H.).
Guillot.
Lesgarde (Jean).
Leroy, Leveillé et Tarin.
Noel jeune.
Mazeran (Fréd.).
Roncé et Prosper Cuillerier.
Normant frères.
Poulain-Bertin.
Veron et Ce.
Grille et fils.
Chardon (Mme).
Cosson (Mme).
Cornet.
Grille et fils.
Garnier (Mlle).
Thoré et Moutet.
Vavasseur.
Assire.
Jarrot (Mlle).
Jubault.
Perrin.
Thoreau-Deslandes.
Girard.
Lesaint.
Albert-Beclard.
Vinay et Pelion.

Mercerie.

Besnier et Granjeard.
Chévé.
Commeau.
Feaure.
Gandillon
Guérin et Bahuaud.
Guillou aîné.
Michel aîné.
Pitet-Piron.
Plazanet.
Poutier.
Rheims.
Riotteau fils.

Draps, Rouennerie et Nouveautés.

Vavasseur (Bte).
Chatelain.
Bachelier.
Busson Fleury.
Carriol.
Churteau (veuve).
Delacroix.
Frogé Nioche.
Fleury-Roujon.
Gay et Gouneau.
Grassin.
Havard fils.
Hyron (Mlle).
Jamet Loiron.
Laigre.
Legueu.
Mairet jeune.
Mazerean-Menuau.
Michel.
Gobard et Labiche.
Oudoul.
Pineau.
Gasnier.
Poulain-Bertain.
Raillier.
Rousseau Chouteau.
Nombalet.
Denon.
Ferret.
Provost aîné.
Provost jeune.
Girard.
Lesaint.
Chatelin.
Gemon.
Maire.

Toiles.

Gachet-Gallois.
Marcais-Albaret.
Meauzé père et fils.
Rayer (Gabriel).
Vignais-Buteaux.

BRISSAC.

Etoffes.

Doué.
Lebreton-Cotelle.
Rothoré.
Latable.

SAINT-GEORGES-SUR-LOIRE.

Etoffes.

Oudoul.
Thierry.

Arrondissement de Baugé.

BAUGÉ.

Draps et Rouennerie.

Christian.
Domoy-Lullé.
Guillot-Lullé.
Veuve Lépine.
Raine.
Royer.
Tronche.

DURTAL.

Etoffes.

Bazot.
Poulain.
Tourneux.

LONGUÉ.

Etoffes.

Dolivet.
Jagot (veuve).
Mercier.
Plégrade.

NOYANT.

Deschamps.
Peltier-Mancours.

Arrondissement de Beaupréau.

CHEMILLÉ.

Draps et Nouveautés.

Besnard-Humeau.
Durand-Besnard.
Durand sœurs.
Pasquier.
Rhétoré Besnard.

CHOLET.

Merciers.

Barron-Guyot.
Menière et Delhumeau.

Draps et Toiles.

Baudouin.
Bertaux.
Fillion.
Leroy.
Maillet.
Jonau.
Bertrand.
Montel.
Duverger (Auguste).
Montel.
Maillet.

Rethoré.
Ters sœurs.
Vatelée.
Duperon.
Bonnier-Lambert.
Thyau jeune et Turpault frères.
Dupont-Durand.
Lainé Potron.
Schavatte et Boussioc.

SAINT-FLORENT.
Draps.
Brunet Gindreau.

Arrondissement de Saumur.
SAUMUR.
Bonneterie.
Gréau-Hamelin.
Jagot frères.
Lelièvre (Me).
Morin Deléon.
Mercerie.
Blanchet.
Leroy Gognard.
Rousselle-Moulin.
Rousselle frère et sœurs.
Nouveautés.
Angibault
Boissier Robidas.
Ceslau.
Chateau aîné.
Foucquereau.
Guérin.

Hullin-Babin.
Jagot Pattée.
Jarry.
Langlois (G.).
Menore et Fouctte.
Salmon.
Cheneau Poussart.
Morin Lemonier.
Nussard Guibert.
Tailbonis.
Moreau Barrier.
Rouennerie.
Cottanceau.
Gilbert et Fauvel.
Lehou et Servain.
Moriceau et Dalloux.
Picherit et Voisin.
Rallet Laporte et Ce.
Tirot frères.
Bandeau.

DOUE.
Draps.
braham.
Aubineau.
Arellepois.
Ginebou (A.).
Gigogne.
Merciers.
Beranger-Person.
Melon-Boineau.

VIHIERS.
Draps.
Brouillet.
Devy.
Mercerie.
Girardeau.
Mary-Damois.

Arrondissement de Segré.
SEGRÉ.
Draps et Toiles.
Douesneau.
Dubois fils.
Dubois père.
Houdebine.
Montreuil.

CHAMPIGNÉ.
Etoffes.
Allard.
Malabeux.

CHATEAUNEUF-SUR-SARTHE.
Deslandes-Hardy.
Hossard.

POUANCÉ.
Draps et Toiles.
Bazille.
Hamard.
Lesmesle.
Toiles.
Baranger.

Département de la MANCHE.

Arrondissement de Saint-Lô.
SAINT-LO.
Draperie, Soierie, Rouennerie, et blanc.
Bazile Noire.
Bucaille.
Duval.
Heulin.
Lavallée-Hébert.
Lerouxel.
Pimont.

Thouroude.
Bonneterie.
Legendre.
Mercerie.
Guilbert.
Noire (B.).
Becquet.
Curtet.
Nouveautés.
Jourdan.
Turlet.

Lavo''ay (F.).

CARENTAN.
Nouveau''s.
Delange.
Dieudonné.
Duval.
Enée.
Lepelet.
Lefanguais.

Leroux.

MONT-BRAY.
Toiles.
Blin (P.).

TESSY.
Mercerie.
Pezeril.

Arrondissement d'Avranches.
AVRANCHES.
Draps et Toiles.
Boutry (veuve).
Carbonnel.
Challier.
Chenu de Mauray.
Lebas.
Lemardeley fils (A.).
Lemardeley-Mauduit.
Millet (Mlle).
Lemire.
Mercerie.
Bernardy.
Bigot.
Boivent.
Letreguilly.
Mauger.
Rouennerie.
Laisné.
Huet (Victor).

DUCEY.
Mercerie.
Lechartier Pasteur.
Poulain (Mlles).
Roger (veuve).
Sauvé-Champion.

GRANDVILLE.
Draps et Nouveautés
Boileau.
Cousel et Letourneur (Mmes).
Dairou.
Demagny.
Duclos.
Chesnel-Surblé.
Folin (Mme).
Bonneterie.
Fonctière.
Folière.
Lainé (veuve).
Poirier.
Mercerie.
Barbier.
Lebrec.
Lemardely neveu.
Vibert.
Toiles.
Lerouge.

PONTORSON.
Draps.
Goussè.
Moisron.
Toupet.

SARTILLY.
Etoffes.
Fauvel.
Lenoble.

VILLEDIEU-LES-POELES.
Mercerie, Etoffes.
Barbanchon (H.),
Briens Lemasson.
Gautier Morel.
Havart Loyer.
Lebois Viel.
Lemasson-Touzé.
Saillofest.
Viel Lemoine.

Arrondissement de Cherbourg.
CHERBOURG.
Bonneterie.
Fort.
Godefroy.
Pouillat.
Draps, Rouennnrie et Nouveautés.
Baudoin (Mme).
Dieumegard.
Fouque-Cardet.
Hauchecorne.
Larivière-Renouard fils et Lecomte.
Lecourtois.
Legoupil aîné.
Legoupil jeune.
Lelièvre jeune.
Lemonnier frères.
Leneveu.
Lesage frères.
Marie et Jaquin.
Marquaud-Roulland.
Noblet.
Legoupil et comp.
Orry.
Robinetit.
Tiby.
Lelaidier.
Lingerie.
Cadroy (Mme).
Henry (Mlle).
Lagalle.
Revelle.
Huchedat.

VAST.
Mercerie et Draperie.
Billard.

Ferron.
Folliot.

Arrondissement de Coutances.
COUTANCES.
Draperie, Mercerie et Nouveautés.

Blondel.
Deschamps.
Lepelletier-Lafontaine et fils.
Puisney.
Thézard.
Trocmet.
Youf aîné.
Huart.
Blanc.

GAVRAY.
Draps et Etoffes.
Blanc.
Bosquet.
Canuet (veuve).
Dairou.
Dudouit.

HAMBYE.
Mercerie.
Gardin.
Hurel.
Lefranc.

PÉRIERS
Fauvel.
Launey.
Lalorey.
Marie (Mme).

Arrondissement de Mortain.
MORTAIN.
Draps et Nouveautés.
Colette.
Delaporte.
Ganier (Almin).
Toullier.
JUVIGNY-LE-TERTRE.
Laines.
Raulin.

SAINT-HILAIRE-DU-HARCOUET.
Draps et Nouveautés.
Friteau.
Lalande.
Lemarchand.
Normand.
J. Prevel.
Robert.

SORDETAL,

Draperie.

Lepetit-Thomas.

Arrondissement de Valognes.

VALOGNES.

Draps et Nouveautés.

Buhot-Jobelin (veuve).

Galle (Mme).
Lemoigne.
Lucas.
Mauvouard.
Rouchel.
Thirard (J.).

SAINT-VAAST-LA-HOUGUE.

Mercerie.

Leroy.
Maillard fils.

Département de la MARNE.

Arrond. de Châlons-sur-Marne.

CHALONS-SUR-MARNE.

Bonneterie.

Aubry.
Dautreville.
Frison.
Galichet-Berthier.
Jonin.
Pascalin.

Draps et Rouennerie.

Chiron (A).
Delforge-Lambin.
Drot (veuve).

Soieries et Nouveautés.

Herbillon Patelard.
Hurault frères.
Faillet.
Lambin-Rollet.
Michel.
Nicaise-Letillard.
Mauget.
Périn-Buret.
Michel-Spory.
Maufrag.
Junot.

Mercerie.

Appert-Drouin.
Bergeaud-Richier.
Choiset (veuve).
Gaydel-Escotte.
Lhotte-Wallon.
Lochet Brémont.

COURTISOLS.

Rouennerie et Mercerie.

Collard.
Duvergier.
Hubert Mangot.
Manget Willaume.

SUIPPES.

Draps et Rouennerie.

Bellot.
Pavillier-Gournail.

VERTUS.

Draps et Toiles.

Bouché-Chameret.
Gobet.
Lefèvre-Bouvret.

Arrondissement d'Epernay.

EPERNAY.

Draps et Rouennerie.

Chatelain Gilbert.
Leclère-Olivier.
Linet-Drouet.
De Saint-Martin-Burges.
Marguin.
Neuville (veuve) et fils jeune.

Mercerie.

Appert.
Barberousse.
Brugnon-Letellier.
Mimin.
Moreau-Gamel.
Tailleur (Bernard).

Nouveautés.

Muller (Jules).
Rigaux.
Malunheim.

Marchands-Tailleurs.

Blanpain.
Pret-Lamarre.
Salomon-Deutch.

ANGLURE.

Mercerie.

Picard.

AVIZE.

Nouveautés.

Bara-Dumez.
Delassalle-Landy.
Momenheim.

DAMERY.

Draperie, Rouennerie et Toiles.

Adrien (V).
Bamier.
Husson-Bret.
Lefort-Lanois.

DORMANS.

Bonneterie.

Bellier.
Buisset.

Draps et Rouennerie.

Blanchin (veuve).
Crotte.
Leduc.
Vaudran.

ESTERNAY.
Bonneterie et Nouveautés.
Bellier père.
Tripier-Doublet.

MONTMIRAIL.
Draps, Rouenner. et Nouveautés.
Anbrion.
Bouin-Sarrazin.
Boullet.
Destrez.
Guérin.
Guyot.
Louveau.
Piplat.

ORBAIS.
Tissus.
Charpentier F.
Denizart-Vaillant.
Parant A.

SÉZANNE.
Bonneterie.
Lamarche.
Maufront
Simart.
Draps et Rouennerie.
Legros frères.
Mayer frères.
Thuveny.
Cava.
Mercerie.
Huguier.
Leconte.
Carré.
Simon.

Arrondissement de Reims.
REIMS.
Bonneterie.
Clergé Pierret.
Danton.
Douce Fortelle.
Durand-Deperthes.
Gérardin.
Giblin-Losseau.
Delaurès Robin.
Legros-Gardant.
Louis.
Millard.
Nocy-Janin.
Pruneaux.
Tocut-Patte.
Tyrode.
Draps.
André.
Bunod et Patin.
Benoist.
Courtois (F.).
Delacroix-Degoy (veuve.)
Laignier-Hurelle.
Mercerie.
Delavallée-Lecomte.
Gabahut-Landouzy.
Lebrun-Lepreux.
Legros-Vinchon.
Pugin et comp.
Taneur Rogé.
Vassal Blamoitié.
Echard.
Moisy-Lenain.
Pelatat (veuve).
Nouveautés.
Prudhommeaux-Gavet.
Robard-Galapin.
Traizet.
Valentin.
Fournier.
Caillot.
Bureau (Ch.)
Callies.
Berthault.
Degieux-Gonbeaux.
Léon Deschamps.
Sainte Beho.
Millet-Aubert.
Pergod aîné.
Manuel.
Bernard.
Rouennerie, Draperie et Toiles.
Clément Cochon.
Collet Fontelais.
Debergue-Cirier.
Lagarde-Parent.
Letellier-Morin.
Millet-Gachet.
Mougnon.
Tonnelier Denizot.
Millet et Pergot.
Etienne.
Lafontaine.
Choquet.
Hoffman.
Laudagne.
Tilloy.
Philibert.
Tailleurs.
Blondel Brisson.
Buch-Mathias.
Cadot-Tortrat.
Darieux.
Fortin
Julien
Kemen.
Lecomte-Blanchard.
Moniot-Lardenois.
Neufmark frères.
Reigneron-Allain.
Bernard.

AY.
Bonneterie.
Vaillant.

Draps et Toiles.
Narcy-Tambourt.
Gaspard.

FISMES.
Bonneterie.
Batteur.
Bellat.
Canelle.

Draps, Rouennerie.
Cauchemetz.
Croutelle.
Létoffe.
Velly-Pergod.

HERMONVILLE.
Tissus.
Paymer-Landouzy.

MAREUIL-SUR-AY.
Nouveautés, Draps.
Lazarre-Stern.
Verrier (veuve).

TOUR-SUR-MARNE.
Draperie et Rouennerie.
Chatelet-Bourmont.
Lejeune (G.).

WITRY-LES-REIMS.
Draps.
Gueurlet-Gavet.

Arrond. de Sainte-Menehould.
SAINTE MENEHOULD.
Bonneterie.
Chabrier Planson.
Bussy.
Draps, Toiles.
Barré Baucelin.
Barré Chevalier.
Bellot Poguée.
Defrance-Maujean.
Philyppe-Poignée.

Arrondiss de Vitry le Français.
VITRY LE-FRANÇAIS.
Draps et Rouennerie.
Barchat.
Billard frères.
Goujet.
Febvre.
Godinot Brunet.
Herbin.
Leclère.

Maniglier-Lonclas.
Boude.

Nouveautés.

Henry.
Bellard.

Mercerie.

Beaudet.
Claudon.
Foumel.
Lambert.
Macs.
Millon Herment.
Vantrin.
Legris.

Tailleurs.

Courier.
Lauviot,
Richardeau.

Département de la MARNE (HAUTE).

Arrondissement de Chaumont.

CHAUMONT.

Bonneterie.

Lambert-Mansiot.
Monjeon.
Toussaint-Toussaint.

Draperie.

Moreau-Lambert.
Perault et Ce.

Rouennerie.

Boilet fils.
Mlles Chevalier sœurs.
Fervelle fils.
Guignard Chatelain.
Salomon.
Thomas.

Tailleurs.

Chapuis.
Ruelle fils.
Ulmo.

Merciers.

Gouvenot.
Reynault Girardot.
Voillard (Mlle).

Toiles.

Balanger.
Toussaint (Michel).

ANDELOT.

Draps, Rouennerie et Nouveautés.

François.
Evoulois.
Lamadeleine.
Noblot.
Petit (Mlle).

BOURMONT.

Draps.

Bourgeois-Contrel.
François.
Collin.
Demongeot-Lejeune.
Husson-Vincent.
Marchond.
Maure-Gibrat.
Guerre.
Hudelot.
Perichon.

MONTOT.

Draps, Rouennerie.

Compagnot (C.).
Descave.
Laprevotte-Renaut.
Louis Renault.
Mercier-Sivry.
Tabouréanx-Guerre.

Arrondissement de Langres.

LANGRES.

Mercerie.

Deplut et Clercet.
Badet Roussel.

Soieries, Draps et Rouennerie.

Armand-Vivier.
Argenton Pernot.
Bellon Bellon.
Chapuzot Cardeur.
Cornuel et Charles Dadant.
Deslogès-Courty.
Ferrant.
Genevoix (Emile).
Georgeot Chevrier.
Guillard et Jaquinot.
Lacordaire aîné.
Mathieu-Desserey.
Ruston-Charton.
Tixier et Pignerol.
Tripier et Miot.
Vivier.
Revol.

Bonneterie.

Arbeltier.
Bosson et Odot.
Gy-Sommelet.
Menne et Fragne.
Roussel et Constant.
Schmerber V.

Tailleurs.

Brabetz.
Gekeler.
Jung.
Loison.
Motz.
Haumesser.
Gindrey.

BOURBONNE-LES-BAINS.

Draps et Rouennerie.

Devaux.
Cornerin.
Pariset Darcémont.
Favreaux.
Masson.
Lesigne-Sauvage.
Jacquemin.
Mousseaux.

LE FAYL-BILLOT.

Draps et Rouennerie.

Bourbelin.

Dufoux.
Lamotte.
Alexandre.
Daubrive.

LAFERTÉ-SUR-AMANCE.
Draps.
Hologe (Mme).

MONTIGNY-LE-ROI.
Carré (Ch.)
Crapelet (Mlle).
Genel.

Arrondissement de Vassy.
VASSY.
Nouveautés.
Masson.
Hulot.
Legay.
Thomassin fils.
Thomassin (Eugène).

DOMMARTIN-LE-ST-PÈRE.
Nouveautés.
Gamichon.

JOINVILLE.
Draperie, Rouennerie et Nouveautés.
Fauque-Berger.
Leloup-Sollier.
Guyot-Collin..
Eckendorff.
Guyot aîné.
Guyot jeune.
Vollier-Nivart.

MONTIERENDER.
Etoffes et Rouennerie
Febre.
Grosjean.
Jeanson.
Roziere-Debrienne.

SAINT-DIZIER.
Draps, Rouennerie, Soieries, Nouveautés et Toiles.
Alounille.
Coiffier.
Duchesne fils.
Jacquinot (Adrien).
Paquet.
Mauroy-Robert (J.) et C°.

Département de la MAYENNE.

Arrondissement de Laval.
LAVAL.
Bonneterie.
Sauvage-Laurent.
Barbot.
Moulay Planchais (Mme).
Bry (Mme).
Ernoult frères.
Fetus aîné.
Gourdillier.
Beauné.

Mercerie.
Guibé aîné.
Drujean.
Sigogne.
Nouveautés.
Courgenou.
Laircadot.
Lair-Desvallées.
Leture.
Oger.
Vansteenbergne.
Poirier-Duval,
Poirier Rotureau.
Rienbon.
Rigot.
Louis Corbin-Lardeux.
Onfroy aîné.
Rouennerie.
Desfais fils.
Prosper-Guibé.
Chrétien.
Tailleurs.
Chapeau.
Courcelles.
Duchemin.
Gambert.
Lebastier.
Leroy.

EVRON.
Etoffes.
Glinche.
Hélin jeune et Gilmert.
Robert.
Robin.

MESLAY.
Draps et Nouveautés.
Germain.
Reverdy.

Arrond. de Château-Gontier.
CHATEAU-GONTIER.
Draps.
Courjenve.
Guillet.
Lebec.
Richet-Teullier.
Turpin.
Nouveautés.
Galereau (Mme).
Gutel.
Mercerie.
Marai.
Léon (veuve).
Pitet fils.
Poulain Homo.
Toiles.
Duchemin.
Criblé.

Lecotie.
Rigot-Léon.
Bouvay.

CRAON.
Draps et Toiles.
Baron.
Jegu.
Gerboin.
Simon.
Lardeux.
Guedron.
Mercerie.
Guibé.
Viel.

CUILLÉ.
Nouveautés.
Serais.

SAINT-DENIS-D'ANJOU.
Négociants.
Drouet
Leroyer.

Arrondissement de Mayenne.
MAYENNE.
Draps, Soieries Rouennerie, Nouveautés et bonneterie.
Angot et sœurs.
Chevalier-Angot.
Couturier fils aîné.
Deschamps jeune.
Hulin (Mlle).
Lemoyne.
Rivière.
Robinet.
Sacier.
Viel (Mlle).
Bignon Marie.
Jouve (A.).
Poirier frères.
Retout.
Rivière dit Bichet.
Corbeau jeune.
Coutard.
Delahaye.
Foulon (Mlle).
Prudhomme (Mlle).
Revière.

AMBRIÈRES.
Nouveautés.
Bouvier (veuve).
Brunet.
Cousin (Mlle).
Choran-Lachevalerie.
Valpinçon.

ERNÉE.
Draperie, Nouveautés.
Bletteau.
Conasnon.
Lambert.
Soutif.
Mercerie et Toiles.
Blanchet.
Douard.
Choisey.
Rabeau.

BOULAY.
Draps.
Grippon.
Souchet.

VILLAINES-la-JUHEL.
Nouveautés.
Turpin.

Département de la MEURTHE.

Arrond. de Nancy.
NANCY.
Bonneterie.
Andreu Schmitz.
Darbois.
Desfossez-Collenot.
Ducret (Mlle).
Emond Elie.
Lecolier fils et Riff jeune.
Riot.
Hac Kemborger.
Thirion Mugnier.
Draperie et Rouennerie en gros.
Bentz-Pernet.
Lambert et Cᵉ.
Madelin Jules.
Margo et Lagresille frères.
Mathieu frères.
Selignan frères.
Someillier frères.
Valentin Rey.
Draps, soieries, mousseline, etc.
Bernard-Jandin.
Boppe-Hermitte.
Cerf et Isaye.
Croctaine-Gedéon.
Hubert, Eicher, Rinck et Blaise-Huron et Cᵉ.
Maire.
Perraux-Fervel.
Les fils de Marx, Picard et Cᵉ.
Renard.
Sienne Barq.
Tonnelier-Antoine.
Volfrom.
Mercerie.
Albert-Albert.
Buineau C.
Ficher.
Huin.
Jeannœl.
Lacour-Beurné.
L'huillère.
Maupin.
Meyer.
Nicolas Mathier.
Pierre (veuve).
Pierron.
Regnault.
Sabde-Jaquinot.
Valentin Letourneur.

Nouveautés.

Thiébeau.
Maire-Gédéon.
Marx-Picard.
Klin.
Contal.

Toiles.

Bary.
Beaugé.
Crincelin (Mlle).
Guetz.
Jandelle.
Marin.
Tournel-Julliac.
Valentin (veuve).

Tailleurs.

Baumany.

PONT-A-MOUSSON.

Draps et Rouenneric.

Bedin.
Benoît.
Lamaille.
Pancré.
Rouyer-Voignier.
Voignier.
Copignau.

VEZELIZE.

Nouveautés.

Bailly.
Humbert.
Jennesson.
Perquin.
Ravoux.
Scadot-Leserteux.

Arrondiss. de Château-Salins

CHATEAU-SALINS.

Draps.

Poncet.
Rollin.
Salomon-Salmont.

DIEUZE.

Draps et Toiles.

Moye-Guillaume.
Humbert.
Parisot-Koun.
Demange.
Knaff.
Mouchot.
Picard.

VIC.

Draps.

Brouard.
Gueret.
Hugard.

Arrond. de Lunéville.

LUNÉVILLE.

Draps, Rouennerie.

Boulangier.
Chatelain.
Cullé.
Armbruster.
Clerc-Ficher.
Gran l'barre.
Massé (veuve).
Liégy-Massé.
Pompel.
Verdelet.

Mercerie.

Cherrier frères,
Coanet.
Genay E.
Kuntz.
Noël.
Vautrin.
Vuidard jeune.

Nouveautés.

Briolet.
Briot.

Toiles.

Gaspard.
Jaquot.
Jambelle.
Treillis.
Lacour.

BADONVILLERS.

Draps.

Crouzier.
Grilliet.
Muller.

BAYON.

Draprrie.

Lagresille.
Evrard.

BLAMONT.

Draps.

Birié.
Bregeard.
Cloudet.
Jacques.
Lièvre S.

Arrondissement de Sarrebonrg.

SARREBOURG.

Draps.

Hoffmann.
Levy.
Lièvre.
Salomon.
Vautier.

FÉNÉTRANGE.

Bonneterie.

Vagner et Schild.

Draps.

Block.
Matton.

LORQUIN.

Négociants.

Jannequin jeune.
Charton.
Desfrèzes.

PHALSBOURG.

Draps.

Aron-Weid.
Aron.
Bender.
Hoffer.
Masse.
Offer.
Weyd.

Arrondissement de Toul.

TOUL.

Bonneterie.

Barom.
Oudot.

Nouveautés.

Adam.

Draps.

Blatte.
Gouget.
Grasse (Mlle).
Lécrivain.
Pierrot.
Schleiter.
Schubert.
Olivier.
Weill.

COLOMBEY.

Etoffes.

Colin.
Chatain.
Toussaint (veuve).

FAVIÈRES.

Draps.

Carel.
Chemitre.
Couvart.
Dolot.
Marchis.
Max.
Moriot.
Oudot.

THIAUCOURT.

Etoffes.

Chuchant.
Crabos.
Kimmel.
Person.

Département de la MEUSE.

Arrondissement de Bar-le-Duc.

BAR-LE-DUC.

Draps.

Leblanc-Voillot (veuve).
Parisot-Dourche.
Royer-Vuillot.
Voisin-Lepage.
Thicriot-Colon et fils.
Varnerot (Mlle).
Gaudréé jeune.
Dube-Babin.

Mercerie.

Barois-Monard.
Delacour-Fcher.
Lalin (A.).
Mayeur.
Ficatier.
Nivart-Prévost.

Tailleurs.

Alexandre.
Gabriel.
Joseph.
Nonbro jeune.
Vinot.

Toiles.

Bronchot.
Larombardière aîné.
Philippon.

LIGNY.

Draps.

Bertrand-Lagney.
Bontemps-Simon.
Garconnet (V^e).
Kaises.
Lasève.
Pinot.
Vincent.
Vivenot-Vivenot.
Zeller.

Arrondissement de Commercy.

COMMERCY.

Draps.

Antoine.
Baudot.
Malard.
Musmeaux.
Parisel.
Bolomey.
Richier.

GONDRECOURT.

Draps.

Bellot.
Godchaux-Caïn.
Obriot frères.

SAINT-MICHEL.

Draps.

Corbin.
Marchand-Prot.
Lamour.
Milat (Jules).
Ulmann.

Mercerie.

Tesselin-Laguerre (Mme).

VAUCOULEURS.

Draps et Nouveautés.

Elie (Michel).
Morbange.
Vintrignier.

VOID.

Merciers.

Rouyer.

Arrondissement de Montmédy.

MONTMÉDY.

Draps.

Brichard.
Etienne.
Franchet.
Hardy.
Maugin (Mme).

DAMVILLERS.

Draps

Chevalier.
Demilly.
Odinot.

DUN-SUR-MEUSE.

Draps et Rouennerie.

Berne.
Grandjean.
Nickel.

HALLES.

Mercerie.

Hiblot.

MARVILLE.

Draps et Rouennerie.

Delahaut-Pognon.
Pognon (Henry).

MONTMAUCON.

Toiles.

Henry.
Lescuyer.

MOUZAY

Draps.

Berthe.
Dolin.

STENAY.

Draps.

Durant.
Brunvarlet.
Vacquant.
Remy et sœurs.
Pasty.
Simon.
Vicq (Mlle).

Merciers.

Bernier-Verguin.
Daubeil.
Jesson-Didier.
Masson.
Percheron.

Arrondissement de Verdun.

VERDUN.

Draps et Rouennerie.

Henry Blais
Clément Cottin.
Lagarde.
Léon-David.
Salomon-Aron.

Merciers.

Denizot.
Gérard.

Nouveautés.

Bazenet (Mlle).
Blaise.
Jonveaux.
Faudeur (Mme).

ETAIN.

Bonneterie.

Prudhomme aîné.
Driant.

Draps et Toiles

Etienne.
Duchêne.
Matry-Gascard.
Wolff.

Mercerie.

Havette.
Sirjean.

VARENNES.

Bonneterie.

Bussy.
Florion.

Draps et Toiles.

Geruzet.
Jourdain (Mlle).
Roland.
Tanton.

Département du MORBIHAN.

Arrondissement de Vannes.

VANNES.

Draps et Nouveautés.

Castella.
Combes.
Corvec-Barbier.
Grandpair.
Lebreton.
Lejonbions.
Leroy.
Lestringant.
Nicolas (Ve).
Pierré Gnin.

Nouveautés.

Lebeuf.

Mercerie.

Boucher.
Lebret.
Leguillon.
Peccate.
Vinet aîné.

SARZEAU.

Draps.

Guyot (Ve).
Javouray (Mlle).
Morio (Mlle).

Arrondissement de Lorient.

LORIENT.

Bonneterie.

Moreau.
Bournigalle.

Draps.

Champetier (Ve).
Delort.
Le Pontois-Breton.

Nouveautés.

Lefournier.
Colin.
Gruel.
Tison jeune et Mormon.
César.

Toiles.

Bournigalle jeune.
Clot frères.
Lepontois.
Sionnet.
Colte.

AURAY.

Draps.

Allcope.
Forges.
Lebras fils.
Lerouzic.
Martin.
Rins.
Senié.
Tillet.

BELZ.

Négociants.

Bioche.
Chauvigné.
Leport.

Arrondissem. de Napoléonville.

NAPOLÉONVILLE.

Draps.

Lebas (veuve).
Larbitre-Montferrant (veuve).
Letinier.
Levaillant.
Liseret (Amédée).
Odic (Mlle).
Turpin.

Mercerie.

Ronvillois.
Collet jeune.
Tonquerey père.
Tonquerey fils.

BAUD.

Draps.

Boitel.
Delord.
Morel.
Lelièvre.

GUÉMÉNÉ.

Négociants.

Legal.
Legal (J. M.).

LOCMINE.

Négociants.

Toursaint.

Arrondissement de Ploërmel.

PLOERMEL.

Rouennerie et Draperie.

Barré.
Corbière.
Daversin (Gauthier).
Druais jeune.
Giffard fils.
Plessix (Ve).

Merciers.

Brobaut.
Daudu.
Guillotin.
Leroy.
Michel (Mlle).

JOSSELIN.

Draps.

Argentier (Mme).
Camper (Ve).
Danet (Mlle).
Cornet.
Foulon.
Herviault.
Morice.
Rouille et Lépine.
Roussel.
Ruault (Ve).

MALESTROIT.

Draperie et Indiennes.

Gayet (Ve).
Giron (Ve).
Monfort.

Département de la MOSELLE.

Arrondissement de Metz.

METZ.

Draps, Toiles et Nouveautés.

Arbinet et Foléa.
Aubert.
Bastien (N.).
Beauchat.
Paul Bezanson.
Blaise (J.)
Bompart (V.).
Braun (Léon).
Chenot.
Colson (Mlles).
Dangé.
Desanges.
Dubois-Piquart.
Dubut.
Dufresne.
Emérique. S.
Sorel frères.
Fondeur (Mme).
Francfort (M.).
Gougeon.
Goussel-Laumont.
Goerg-Leinen et comp.
Goudchaux.
Guesvillier.
Lièvre.
Luc.
May.
Mercy-Montaigu.
Marhange.
Nettre-Léopold.
Perrin-Moré.
Rémy-Montaigu.
Saur (J.).
Calais et comp.
Seligmann,
Spire-Spire et Trèves.
Taverdon.
Tiret.
Gury.
Didier.
Faure (Mlle).
Weill.

Mercerie.

Bedel-Cavalier.
Brisac.
Corrigneux.
Ferrez.
Pierson frères.
Salle fils aîné.
Salomon-Bérié.
Samain (Alexis).
Wagner.
Bertheaume jeune.
Chapuis.
Hartard.
Louis (Mme).
Mangin.
Regnier (Mlle).
Thorel fils.

Tailleurs.

Bing.
Boueil.
Chir.
Esterman.
Goffin.
Grignon.
Maire.
Richard.
Schell.
Clément.

ARS-SUR-MOSELLE.

Draps.

Collignon.

BOULAY.

Draps.

Adam.
Margot-Rimmel.
Oswald.
Renault père.
Renault-Orhain.
Reimmel.

FAULQUEMONT.

Négociants.

Albert.
Poirier fils.
Tarillon fils.

GORZE.

Draps.

Guidon.

Arrondissement de Briey.

BRIEY.

Nouveautés.

Bech.
Guillemain-Lemaire.
Hourquoin.
Collignon.
Dumont.
Gérardot.
Guillemain.
Munier J.-P.
Hautefeuille.
Léo.
Malter.
Style.

LONGWY.

Etoffes et Draps.

Bastien.
Dupleit.
Lejeune frères et sœurs.
Maucolin

Arrond. de Sarreguemines.

SARREGUEMINES.

Draps.

Grumbach.
Marx.
Nicolle.

Nouveautés et Draps.

Moïse-Marx.

FORBATH.

Mercerie.

Lion Strauss.
Lion Oury.
Moïse Joseph.
Sougerousse.
Lion David.
Lion J.

MORHANGE.

Draps.

Dorr.

PUTTELANGE.

Etoffes, Rouennerie.

Beuck Victor.
Hertz Michel.
Hesse Nathan.
Lallemand aîné.
Meyer-Krempff.
Sadler jeune.
Kayser.

SAINT-AROLD.

Draps.

Altmayer.
David-Elie.
Francfort-Nathan
Fribourg (Salomon).

Mercerie.

Damel (Mlle).
Marion-Seb.
Mignard (Me).

Arrondissement de Thionville.

THIONVILLE.

Draps et Rouennerie.

Didion François.
Duperrier.
Saur.

Mercerie.

Camelier-Conseil.
Delille (veuve).
Didion frères.

Moluis.
Saint-Paul.
Vigneron.
Curieque.
Sibut-Warion.

CATTENOM.
Draps.
Gros.

SIERCH.
Mercerie.
Francln fils.

Lecoq.
Levy.
Samuel.
Nathan père.
Nathan fils.

Département de la NIÈVRE.

Arrondiss. de Nevers.
NEVERS.
Bonneterie.
Blanchet.
Constant et Dutray.
D'hubert.
Mercerie
Bellenfant (A.).
Billerdon jeune.
Chaumeil-Palti.
Delaume.
Dumonlet.
Garban.
Labonde.
Michel (veuve) dit Petitjean.
Toiles, draps, rouennerie et nouveautés.
Gandillon.
Maurice.
Gousiu.
Bergor-Ruben.
Blondin.
Bourdeau.
Chauvier-Thevenin.
Gallié.
Gobé.
Loliot et Gandrey.
Louvet-Lamarre.
Matisse.
Pelissier.
Robion.
Rimbanlt
Rigal.

LA CHARBONNIÈRE.
Draps et Toiles.
Bosq (veuve) et fils.
Pouiltot fils.

DECIZE.
Draps et Toiles.
Saclier.

DORNES.
Draps.
Grandjean.

SAINT-PIERRE-LE-MOUTIER.
Draps.
Moyen
Nigaud.
Grandjean.

Arrondiss. de Chateau-Chinon.
CHATEAU-CHINON.
Draps, nouveautés.
Gibert-Clemendot.
Mercerie.
Berthault.
Jacquani.
Mongin.
Philippon.

CHATILLON-EN-BAZOIS.
Négociants.
Commaille.

LIMANTON.
Négociants.
Moncharmont.

LUSY.
Etoffes.
Aubery.
Barthe.
Dorain.
Naveault.
Pillet.

MOULINS-ENGILBERT.
Aubery.
Cougny.
Thibaudin.

Arrondiss. de Clamecy.
CLAMECY.
Draps.
Cerode.
Fouilleron.
Gavet.
Vannereau-Miaulaut.
Chavanon.
Rouennerie et Mercerie.
Bourdillat.
Grandpierre.
Vaillant.

CORBIGNY.
Mercerie.
Clément.
Ducrot.
Durand.
Rabier (veuve).
Nouveautés.
Billard.

Draps.

Boiché.
Boussard-Merle.
Chèze (P.).
Pichot.
Rigal.

LORMES.

Draps.

Chareau.
Falcoz.
Minard.

TANNAY.

Draps.

Michel.

VARZY.

Draps.

Micalef.
Lièvre.
Pichot.
Milat-Saint Cyr.

Arrondiss. de Cosne.

COSNE.

Draps et Toiles.

Aubert.
Brisset.
Clermonté.
Faure.
Frinot.
Gibault (veuve).
Girault.
Guérin.
Labanlme.
Poupet Guérin (veuve)

Mercerie.

Beau (A.).
Belleau (père).
Be leau (fils).
Grandjean.
Guillerault.

Marchands-Tailleurs.

Bouchard.
Guimard.
Mégain.

LA CHARITÉ.

Draps, Rouennerie.

Bourgeot (frères).
Fournier (veuve).
Jourdain.
Marion-Firmin.
Raiga.

Mercerie.

Champagnat (aîné).
Champagnat (jeune).
Dumont-Petit.

Rouennerie et Nouveautés.

Gibert.
Marion.
Narcy frères.

PRÉMERY.

Draps.

Bonnard.
Maringue.
Provot-Tardy.
Petit-Ferrier.

Département du NORD.

Arrondissement de Lille.

LILLE.

Draps.

Bezard d'Halluin.
Blanquart-Evrard.
Courmont-Pannier.
Delabarre et Berque.
Denneulin.
Descarpenteries-Thomas.
Duquesnoy Bar.
Hennion sœurs.
Huet-Colombier.
Lechat-Welcomme.
Lefebvre.
Long. Ed. et Ce.
Mathy.
Schoutteten.
Six frères.
Uséel.
Castain.

Mercerie en gros.

Catel-Béghin.
Cuvelier Th.
Dubois-Leva.
Fievet frères.
Gantier et O. Parsy.
Lefebvre-Busin.
Martel-Ruffin.
Schneider-Boucher.
Serrurier (veuve).
Théry-Falligan fils.
Vrambout Lunel.

Mercerie en détail.

Castain.
Botel.
Delporte.
Veuve Dumez.
Fromont.
Gourion Arsène et Mlle.
Gauvain Beaucourt.
Leclercq-Delva.
Michel Parent.
Pâtre-Delrue.
Silvain-Tertzweil.
Vanier.

Nouveautés.

Doremieux.
Bauwons.
Baas (Mlle).
Caron.
Cousin (Mlle).
Deblocq et Ce.
Debuire fils.
Dehaes-Lacoste.
Delaunay-Moreau.
Dehaut.
Dubot fils.
Desprès.
Dubois dit Lovendal.
Duhin.
Dupont frères et Blosier.
Duriez-Vion.
Duverdun Potier.
Féron Montagne.
Faucaux sœurs.
Fromont-Riquier.

Genin-Lepoutre (veuve).
Godron, Lasson et Ce.
Knaus (Me).
Lefevre-Tettelin.
Lesay.
Lhotte-Deroullers.
Martel-Raffin.
Masurel-Debarge.
Migneret-Maguin.
Rivenc.
Roseleur-Bondoux.
Sauvé.
Selosse.
Six (Me).
Verbiest
Vérillon.
Wacquez.
Mallet Grandin.
David.
Delatouche.
Planchart.
Botel.
Margueritte.

Rouennerie.

Boucq.
Buge-Crombet.
Castelain-Herment.
Cateaux.
Degand.
Delcourt.
Deneck-Delbergue
Desaint.
Deuilly-Gruson.
Guermonprez.
Hanion sœurs.
Hubert Jambart.
Lecomte.
Lefebvre (Me).
Lemay.
Leroy Herreng.
Mitre-Bar.
Mol-Corbet.
Petit-Saultois (veuve).
Prouvost Poutre.
Quentin.
Théry.
Vandenbossche.
Vibaux Six.
Warin-Bonnier.
Wiart.
Dubrencq.
Ducouvent.
Dubin.
Dupont frères et Blosier.
Georges J.-F.

Tailleurs.

Carette.
Dejean-Boute.
Delannoy.
Goichaux.
Houtelart.
Vermeille.

ARMENTIÈRES.

Draps.

Camblin-Berthier.
Cottigny sœurs.
Fauquembergue et sœur.
Verquin Comerce.
Lietard.
Mahy-Rogeau.
Roussel Baron.
Pouchain-Boutoy.
Meurillon-Beucquart.

Mercerie.

Chippart.
Clarisse.
Dubot-Fontaine.
Ferrier-Comer.

Rouennerie et Nouveautés.

Blondel Pollet.
Cadot-Petit.
Dassonville-Leroy.
Meurillon-Becquart.
Pouchain-Boutry.
Spels.

LA BASSÉE.

Draps et Toiles.

Beaucamps-Delerue.
Delerue.
Flament (Mlle).
Lignel.
Larsonneur.
Renard-Pollet.

COMINES.

Draps.

Howyn-Vaché (veuve)
Lefebvre Dehaene.
Longcamp.
Devos.

FRELINGHIEN.

Draps et Nouveautés.

Lietard.

HAUBOURDIN.

Toiles.

Cambron-Castel.
Fremaux.
Legrain.

HOUPLINES.

Draps.

Heyte.
Lesaffre L.
Vestraet.

LANNOY.

Étoffes.

Deffrennes-Cocheteux.
Parent.

LINSELLES.

Tissus.

Delobel Teynave.
Villers-Crépel.

MOULINS-LILLE.

Draps.

Adam.
Denniel-Bonnier.

QUESNOY-SUR-DEULE.

Draps et Toiles.

Cardon J. B.
Cardon Gadenne.
Cocheteux.
Deruelle-Lestiennes.

ROUBAIX.

Draps, Rouennerie, Toiles.

Debailleul-Prouvot.
Delambre-Longuepée.
Delambre-Sentin.
Duthois-Grouillion.
Ecrepont-Brasme.
Motte-Leblanc.
Rambaux.
Rousseaux-Remy.
Rousseaux-Cornille.
Truffault.

TEMPLEUVE.

Draps.

Prevost.
Herbo et Bonnier.

TOURCOING.

Draps, Rouennerie, Bonneterie, etc.

Bodin.
Jovenelle.
Campion.
Deltour-Mescart.
Delbischoppe et sœur.
Dhalluin J.
Dhalluin P.
Dujardin-Clarisse.
Grau-Scrive.
Grau-Harinkouck.
Lefebvre.
Bonnel (veuve).
Odoux-Duthoit.

Mercerie.

Catteau-Masson.
Dervaux-Fremaux.
Harinkouck-Grau.
Lepers-Bouche.
Liagre frères.
Liagre et sœur.

Toiles.

Odoux-Bourgeon.
Behague (veuve).

Arrondissement d'Avesnes.

AVESNES.

Draps.

Farce.
Janot V.
Lecohier.
Maillard.
Monfils.
Rigot.
Wagnier.
Wéry.

Mercerie.

Miquet et Viffry.

Nouveautés.

Armand Boyer.
Blot.
Carniaux.

Rouennerie et Draperie.

Flament.
Lion.

BAVAY.

Draps.

Carlot.
Calmont M. fils.
Delbauve.
Delionne fils.
Duthoit.
Prevot.

BERLAIMONT.

Draps.

Baudet père et fils.
Taveaux.

COUSOLRE.

Draps.

Bertrand.
Garseaux.
Mainguin.
Wallerand.

ETROEUNGT.

Bonneterie.

Draps.

Cuisset.
Bosseaux.
Evrard F.
Godille.
Minon.

Mercerie.

Bronchaim.
Lassinat.
Mahieu-Brunet.

FOURMIES.

Bonneterie.

Bertaux C.
Bertaux J J.
Journiaux Ferdinand.
Leclerc fils.
Triquet.

Draps et Toiles

Bertaux-Brunet.
Bertaux-Fontaine.
Boillot Mathilde.
Dubray.
Legrand C.

GOMMEGNIES.

Draperie.

Garin.
Lenglet.
Prevost-Duez.

LANDRECIES.

Draps et Toiles.

Capeliez.
Fievet.
Desbrosses.
Duchateau.
Gabet-Guénet.
Gigon-Lacour.
Pouplié.

MAROILLES.

Draps et Toiles.

Callet.
Jean (veuve).
Lenclud.

MAUBEUGE.

Draps et Rouennerie.

Blanc.
Carniaux.
Dupont-Lejeune.
Duhain.
Fontaine Daumerie.
Gérin-Destrées.
Julien.
Quivy.
Riche-Dejard fi.
Henequin.

Merciers.

Hennecart.
Lejeune.
Lévèque.
Mahy.

Nouveautés.

Dallepierre.
Duvivier (Mme).
Hennequin (Mlle).
Lejeune (Mme).
Bertrand.
Devisi M.

LE QUESNOY.

Draps, Rouennerie et Bonneterie.

Carlier-Bleuvard.
Champeaux (veuve).
Dehaussy.
Ducorbier.
Hébert.
Lannoy.
Léodey.
Manem Normand.
Moutier.

Soieries et Nouveautés.

Defossez-Terme.
Lemoine fils.
Manem (Mlle).
Vermez Ruide.

SOLRE-LE-CHATEAU.

Draps.

Barthelemy.
Bouvier.
Contamine (veuve).
Degrelle.
Delhaye-Herbecq.
Dureaux.
Fosset.
Magy.

TRÉLON.

Draps et Nouveautés.

Bosquet.
Guislain.
Flem.

Arrondissement de Cambray.

CAMBRAY.

Bonneterie.

Friant Ricq.
Guéry Carpentier.
Hennion.
Riec.

Draps.

Bernard-Devramne.
Brondoux P.
Charlet frères.
Dron-Tournay (veuve).
Dupont Ferrai .
Joron.
Pélerin-Tournay.
Vérin-Taisne.
Petit-Pierre aîné.
Wiart fils.

Mercerie.

Varé-Crouzelles.
Vérin frères.
Auguste Fontaine.
Barbotin-Pagnez.
Chevaux Derapzy.
Deltour fils.
Drain Pulchérie.
Flanneau.
Hennechart.
Laleu Fougnies.
Lesse Mazy.
Payen-Guillot.
Wiart-Facon.
Roth Ch.

Rouennerie, Toiles et Nouveautés.

Tournay.
Duchange.
Bricourt-Rubin.
Bureau-Tournay.
Burgeat Th.
Dambrine.
Dron-Tournay (veuve).
Flavigny-Mazeaux.
Flavigny-Vallez.
Lérent-Canonne.
Hombert-Hombert.
Lancel.
Ledure Fievret.
Catelain-Lemaire.
Mullet-Fournier.
Nève-Déjardin.
Pamart Victor.
Servais.

BERTRY.

Draps et Nouveautés.

Lanciaux.

LE CATEAU.

Draps.

Bienvaux.
Cousin-Beaumont.
Delvallée.
Demarque Calbez.
Fievret-Remy.
Flavigny Vallée.
Vaillant Delannay.
Jacqz-Chatelain.
Manen (veuve).
Ménart Charlet.
Noirmain (veuve).
Rousseau Charlet.

Merciers.

Delobel-Legrand.
Lavandier-Lestoquoy.
Fontaine-Langlet.

Toiles.

Dormay-Piettre.

CLARY.

Draps.

Denimal père.

IWUY.

Mercerie.

Raverdy Dufeuille.

NOYELLES.

Négociants

Daillard Bris.

SAINT-PITHON.

Nouveautés.

Leclerc Delhaye.

SOLESMES.

Mercerie.

Blanpain-Baudène.
Carlier-Lobry.
Degardin-Degardin.
Degardin-Basquin.
Laigle-Ruffin.
Robert-Mahieux.
Yager-Pétrus.
Villain.

Arrondissement de Douai.

DOUAI.

Bonneterie.

Bétrancourt.
Delétoile-Dilly.
Meynet.
Millescamps.
Pouchain.
Pierrache père.
Pierache fils.
Vanderberghe.

Draps.

Gillet-Laurent.
Nau-Mullet.

Mercerie et Nouveautés.

Boniface.
Broutin.
Carlier-Avisse.
Descamps.
Diewart (Mlle).
Doisy-Devienne.
Druelle.
Hellebèque.
Lefebvre-Vallez.
Mortreux jeune.
Haran.

Modes et Nouveautés.

Boulvin (Mlle).
Desmarets.
Gindre (Mlle).
Herbaux.
Laurent.
Marquette (Mlle).

Rouennerie et Nouveautés.

Cailier-Deligny.
Delval (veuve).
Deleporte-Willent.
Lemaire (Madame).
Fichel sœurs.
Brachelet.
Baudry-Saudemont.
Deligny.
Dutilleux-Devos.
Mouton.
Varos (veuve).
Bralent (Madame).
Caron (Mlle).
Constant-Lefèvre.
De'hay.
Delval (veuve).
Honoré (Mme).
Joubé.
Lecomte père.
Silate-Léorin.
Vallée-Dennetières.
Brossard.
Lemoine.

ARLEUX.

Draps et Toiles.

Cany.

MARCHIENNES.

Draps et Toiles.

Bidault-Carbonné.
Dalbertanson.
D'Henry.
George.
Gossard-Houdart.
Horrié-Bourgogne.
Poiteau-Foulon.
Poulle.
Rocquet.

ORCHIES.

Draps.

Bisez.
Carlier.
Dellenne.
Lubrez-Duhem.

Bonneterie.

Chatelain, frères.
Sablon-Deschamps.

Arrondiss. de Dunkerque.

DUNKERQUE.

Draps.

Blomme-Snaud.
Dernis-Noël.
Herpreck.
Lévy.
Thélu.

Mercerie.

Leduc.
Lemaire-Achille.
Murat A.
Rifensthal.
Thery Alphonse (Mme).
Ratel (veuve).

Rouennerie.

Déroo.
Bayart.
Brichet
Chabé-Goddé.
Nave
Sagary.
Gaudissabois.
Tavernier.
Verou.

Baës-Bech.
Codde.
Dernischoëtc.
Aimé.
Lévy Léon.
Planque.
Peeten.
Sclemoin.
Sayel H.

Toiles.

Brichet.
Chaveron-Wattel.
Debacker-Desmit.

Nouveautés.

Félix (veuve).
Doutre.
Jacques.
Salemoen-Vermech.
Tavernier.

BERGUES.

Draps.

Barbez-Blomme.
Debacker.
Dekeirel.
Devos.
Verley.
Vulveryck.
Godbille.
Barelly (Mme).

BOLLEZEELLE.

Draps et Nouveautés.

Blonne.
Gervais.
Vandersluys Pierre.
Verknock-Fiers.

BOUR-BOURG.

Draps et Toiles.

Devaux.
Lheureux.
Meesemaecker.
Waguet.
Weens (veuve).
Weent-Dezwarte.

Toiles.

Vandroy et Cᵉ.

GRAVELINES.

Draps.

Sautoir Leys (veuve).
Lecointe.
Lesurleys.
Mabille-Occis.
Périllat.
Poirrion Louis.

HONDSCHOOTE.

Draps.

Desbrens.
Dewulff.
Haemers.

WORMHOUT.

Lingerie.

Cadaet.
Collesson.

Arrondissement d'Hazebrouck.

HAZEBROUCK.

Draps.

Borel.
Bernast sœurs.
Lemetter-Desouter.
Leissus.
Vanderbecke.
Velge-Declerck.

Mercerie.

Lener-Loones.
Planke-Hanicot.

Modes et Nouveautés.

Bech (Mlle).
Blondel-Davion.
Lemetter-Desoutter.
Lemetter-Strach.
Syx (Mlle).

BAILLEUL.

Draps.

Savoie.
Verheylewegben.
Verley.

CASSEL.

Draps.

Arnoult (Mlles).
Bernasts.
Carolus.
Roussel-Verhaeghe.
Serleys frères et sœurs.
Taccoen sœurs.
Van-Ingelant.

ESTAIRES.

Draps.

Cattoir (Mlles).
Duthoit.
Ducatez.
Taffin frères.

MERVILLE.

Draps et Toiles.

Becu-Macs (Mme).
Becu-Baudel.
Loridan-Delassus.
Pruvost-Six.

Bonneterie.

Hugues J.-P.

MOBEECQUE.

Draps en gros.

Bernast.
Roussez J.-B.

STEENWERCK.

Draps.

Gille-Charlet.
Decherf.
Guagebeur-Walle.
Delavalle.

STEENVOORDE.

Draps et Toiles.

Laconte.
Savaêtc.
Taccoen-Mavaut.
Vaugraeschepe.
Vanmerris.

Arrondiss. de Valenciennes.

VALENCIENNES.

Bonnetterie.

Constant-Fontaine.
Haillot et Leduc.
Loyer.
Lusardy-Fontaine.
Poulain J.
Weil-Lévêque.

Drops.

Baudry-Duransoy.
Demaret-Auger.
Duez et Comp.
Gautrolet (veuve).
Joly-Duchâtaux.
Joly-Lamotte.
Lamotte.
Lobert.
Mascaux.
Rufin-Fontaine.
Stievenard.
Lueur-Lustrement.
Wallerand-Jacmart.
Wargny-Cheval.
Jacmart-Joly.
Joly-Paquez.

Mercerie.

Baisier (Mlle).
Billiet Louis,
Breucq.
Cloin.
Fontaine.
Houziau (veuve).
Lecat (Mlle).
Mabille sœurs.
Mériaux E.
Namur.

Rouennerie.

Boucly et Chouillon.

Debaine frères.
Desenfants frères.
Verdavainne Lebarbier.

Bonneterie.

Delgrange Moreau.
Demaret-Auger.
Douay (Mlle).
Gambart.
Jean-Moiset (veuve).
Lecat.
Dubois (veuve).

Tailleurs.

Salomon.
Dreyfus.

Toiles.

Adam-Walnier.

ANZIN.

Draps et Toiles.

Clabecq.
Cocquelet.
Derombie.
Coustant-Lemaire.
Laurent F.
Quenon.

AULNOY.

Négociants.

Hamois.

CONDÉ-SUR-L'ESCAUT.

Draps.

Abrassart.
Goulheret.
Jonniaux.
Lebon.

Bonneterie.

Houzé Finet.
Limauge

Etoffes.

Desmarez (Mlle).
Ledent.
Taine.

Mercerie.

Duhot.
Houssez-F et.
Housez-Del auve.
Pelizza.

N uveautés.

Amand (Mll).
Dumoulin-D esplanque
Ledent-Ferron.

FRESNES.

Mercerie.

Dhinzelain.
Druart.
Leconte.
Payelle.
Schmidt.

RAISMES.

Draps.

Douay.
Lebreux.
Villain Louis.

SAINT-AMAND.

Bonneterie.

Berquin Dusart.
Canselier.
Chatteau.
Delannoy fils.
Descamps.
De met.
Dusart-Cuvelier.
Froissard.
Houzé.
Lamonnier.
Lobel.
Macquet.
Thiébaut.

Draps et Rouennerie.

Berthe.
Blondeau frère et sœur.
Clémensacq.
Desailly.
Desaint (Mme).
Dumoulin.
Dubiez-Leleu.
Gorin.

SAINT SAULVE.

Draps.

Jacquemart.

SAULTAIN.

Toiles.

Remy Théophile.

Département de l'OISE.

Arrondissement de Beauvais.

BEAUVAIS.

Bonneterie.

Badardy.
Gorin A.
Maillard Boulanger.
Radoux.
Renaux-Dupille.

Draps.

Cœuillet.
Courtois-Mabon.
Delaherches frères.
Delhotel.
Floury-Tellies.
Marechal.
Petit-Homme.
Thiberge-Norgeot.

Mercerie.

Buteux A.
Boizot A.
Corot Ad.
Lienard.
Marminia Levêque.
Mignon jeune.
Mas-on Legrand.
Tilli s.

Nouveautés et Rouennerie.

Bouchard.
Fortin Mouret.
Hamet.
Langlois.
Mariel-Poulain.
Roinsse (Mlle).

Tourillion.

Toiles.

Clément.
Flouries-Tellies.
Lemaire Charles.
Durand Porquies.
Vacquerie-Feret Ch. et Boscher.

CHAUMONT-EN-VEXIN.

Draps.

Lebas.
Vandelet-Rausquin.

FORMERIE.

Bonneterie.

Baurin-Varnier.

Draps et Rouennerie.

Campagne Joseph.
Moret.
Richard-Delamarre (Mme).
Rolland (Mlle).

GRANDVILLIERS.

Draps et Nouveautés.

Becquerelle (Ve).
Bloc.
Ferandier frères.
Ferandier Napoléon.
Mas.
Queuille.

Mercerie.

Bourdeaux.
Mathon A.

Rouennerie et Toiles.

Becquerelle.
Mathon-Honoré.

MÉRU.

Bonneterie.

Franco fils.
Poulet jeune.
Pruvot Edouard.

Draps.

Lefebvre.
Martin.
Puthomme.
Simonnet.

Mercerie.

Prevost Edouard.
Prevost jeune.

MORVILLIERS.

Bonneterie.

Duvesel frères et Bezard.

NOAILLES.

Nouveautés.

Doudenil.

SONGEONS.

Draps.

Ventin.
Destour.
Petit-Poncel..

Arrondissement de Clermont.

CLERMONT-DE L'OISE.

Draps et Nouveautés.

Gentil.
Leclerc.
Patte.

Mercerie.

Frion.
Rigaut.
Sennequin.
Tirard.

ANSEAUVILLIERS.

Nouveautés.

Ladouce.
Lavacquerie.
Plessier.
Senechal.

Mercerie et Draperie.

Boige-Plessier.
Lavise Paillard.
Lemaire.

Toiles.

Cartier.

BRETEUIL.

Bonneterie et Draperie.

Boulon.
Desmaret.
Mouret.
Carpentier (Ve).
Labitte-Dizengrevel.
Lefranc-Gueudet.
Paillard-Lefranc.
Sabras.
Seillier-Guilluy.

Mercerie.

Girare Paul.
Guillochin.

Nouveautés.

Gervoise-Guendet (Mme).
Jérôme (Mlle).
Mouquet (Mlle).

BULLES.

Mercerie.

Caron.

CRÈVECOEUR.

Draps et Rouennerie.

Graux-Dolhen.
Lamy-Derche.
Martin.
Masse.
Platelle.
Prevost-Richer.

Mercerie.

Flore-Vasseur.

LIANCOURT.

Négociants.

Bourguignon dit Firin.

MAIGNELAY.

Draps.

Delafollie.
Dumont.

MOUY

Nouveautés.

Bizet.
Legrand.
Thiré.
Tiffeneau.

SAINT-JUST-EN-CHAUSSÉE.

Draps.

Bricaut-Coppe.
Budin.
Dainin-Mercier.
Legrand Charles.
Degros-Valère.

Arrondissement de Compiègne.

COMPIÈGNE.

Bonneterie.

Acconin.
Blanvin.
Desmarest-Leclerc.
Mercier.
Michel Senez.

Draps.

Filyon.
Cotentin.
Legoupil.
Tellier-Ducollet.
Thirard-Dejardin.
Veissière Ach.
Veissière-Lamoureux.
Vignier et Bonlouis.

ATTICHY.

Draps et Toiles.

Laurent.
Lecomte.
Parent.

NOYON.

Draps.

Barbare-Leroy.
Hénon.
Lefranc.

Meurisse.
Bouillard-Marcy.
Raynal-Bellancourt.
Rivière aîné.

Mercerie.

Jérôme-Brasseur.
Toquenne-Patte.

Modes et Nouveautées.

Dorent (Mme).
Maréchal (Mlle).
Pluches (Mlle).
Rougeau (Mlles).

Nouveautés.

Brulin (veuve).
Meurisse.
Prevost.

Toiles.

Bandoux.
Delcourt.
Dermigny.
Raynal-Bellancourt.

RESSONS-SUR-MATZ.

Nouveautés.

Collas-Bouchinet.

Arrondissement de Senlis.

SENLIS.

Draps.

Cuel.
Delamarre.
Lagneau.
Mouy.
Vessière.
Pincemaille.

Mercerie.

Glanchant (Mme).
Goimbaut.
Lelande (Mme).
Pinteurs (Mlle).

CHAMBLY.

Draps.

Creté (veuve).
Perreau, (marchand de laines)

CHANTILLY.

Draps.

Jardin.
Morin.
Perier (Mme).

CREIL.

Nouveautés.

Binet.
Hubert-Taupin.
Desmarest.
Demouy.
Marot.

CRÉPY.

Draps, Toiles.

Bouchinet.
Dallet fils.
Leger-Hutin.

NANTEUIL-LE-HAUDOIN.

Draps, Toiles et Nouveautés.

Héronart (Mme).
Laisné (Mme).
Leclerc.
Mercier.

NEUILLY-EN-THELLE.

Draps.

Desueur.
Martin.
Prevost frères.

PONT SAINTE-MAXENCE.

Bonneterie et Draperie.

Benoist.
Laurent.
Mercier-Chovet.
Schmoll.

Département de l'ORNE.

Arrondissement d'Alençon.

ALENÇON.

Bonneterie.

Boulard-Lecorney.
Dubois.
Barriès-Mallet.
Crethein.

Rouennerie, Toiles, Nouveautés et Draperie.

Biseul-Fontenelle.
Bourgetant frères.
Chapelain-Berger.
Girardon-Lafontaine.
Gouin.
Fourré (Mlles).
Julien.
Lambert Mercier.
Huissier-Jouin.
Roussel.
Ricour.
Nuaux.
Thuaux.
Barrier-Mallet.

Mercerie.

Beaumont.
Bruneau.
Chartier-Preel.
Dubois.
Frenaix.
Jarry jeune.
Lelièvre (Mlle).
Martin-Fontenelle.

CARROUGES.

Nouveautés.

Bourgeteau frères.

Rouennerie.

Millet frères.

Rocher (veuve).

MESLE-SUR-SARTHE.
Draps, Rouennerie.
Friquet.
Mercier.
Phelut.
Nouveautés.
Chauveau.

SAINT-OUEN-LE-BRISOULT.
Toiles.
Legros (Thomas.

SÉES.
Draps.
Cornet.
Dubois.
Notramy.
Salley.
Mercerie.
Duchemin.
Gibory.
Guerin.
Moulinet.

Arrondissement d'Argentan.
ARGENTAN.
Bonneterie.
Courtois.
Lefèvre.
Draps, Nouveautés..
Bourgeois.
Elie.
Halouze..
Leguerney.
Mousset Petit.
Riblier.
Mercerie.
Garet.
Vergnols.
Leprince-Leroy.
Rouennerie.
Descours Victor.
Fleury.
Laurent.
Plessis.
Toiles.
Desdouits.
Tabouret A.
Trabot (veuve).

ECOUCHÉ.
Draps.
Bellanger.
Billard-Guibout.
Deshaies.
Marais.

EXMES.
Draps.
Cheradame.

GACÉ.
Draps.
Bernier.
Souché.
Mercerie.
Brugère.
Dobos.
Fouque.
Leroy-Ruault.
Rivery.
Soucher.

GLOS-LA-FERRIÈRE.
Draps.
Perial.

LE MERLERAULT.
Mercerie.
Barbette (Mlle).

PONT-ÉCREPIN.
Draps.
Raquin.

PATANGES.
Draps.
Lainé-Boidanis.
Perrin-Duval.
Renault-Valentin aîné.
Renault.

RANES.
Mercerie.
Delleville.

VIMOUTIERS.
Draps.
Doucet.
Pernelle-Cogent.
Turbot-Perrotte.
Mercerie, Bonneterie.
Benoin-Decouflet (Mme).
Billard (Mlle),
Donilly.
Dupont-Hébert.
Godard.
Nouveautés.
Loutour (Mlle).
Pernelle Cogent (Mlle),

Arrondissement de Domfront.
DOMFRONT.
Rouennerie, Draps et Nouveautés.
Duval.
Féron (veuve).
Jouanne-Brissou.
Lainé Desnos.
Lebossé.
Morel.
Robert-Thouyon.
Mercerie.
Fourmentin.
Lenoir.
Lhommer aîné.
Lhomer jeune.
Roussel.
Toiles.
Louvel J. et fils.
Diot Noury.

CHANU.
Draps et Toiles.
Aubrière (veuve).
Gillemin.
Basile.
Leprince.

LA CHAPELLE-MOCHE.
Draps et Toiles.
Briqueville.
Huteau-Delange.

COUTERNE.
Négociants.
ThibautVictor.

LA FERTÉ-MACÉ.
Draps.
Bignon-Salles.
Durand-Martin.
Josse Pasquier.
Launay.
Lecreux.
Marrière fils.
Niaux jeune.
Petron (veuve).
Valpinçon.
Mercerie.
Bobot-Enguerrand.
Chauvière (Mlle).

FLERS.
Draps et Nouveautés.
Toiles.
Appert (Francois).
Appert frères.
Beaulet et Masseron.
Bouvet.
Caillebotte.
Duval frères.
Ganier.
Gras aîné.
Courgeneu frères.
Hamard.
Dumesneil

JUVIGNY-SOUS-ANDAME.
Etoffes.
Appert.
Gouault.
Rouennerie.
Fleury.

PASSAIS.
Draps.
Deslandes.

Arrondissement de Mortagne.
MORTAGNE-SUR-HUISNE.
Draps et Nouveautés.
Boisregard.
Boudin (Mlle).
Brou.
Chaline.
Crète.
Drouère.
Fontaine.
Henry-Pauhonnier.
Louvelle Barbette.
Moireau (Mlle).
Rouennerie et Nouveautés
Barbette.
Boulay-Durand.

Mercerie.
Gilbert.
Lamy.
Mariette.
Négociants.
Cordier.
Dubail Lejertre.

BAZOCHE-SUR-HOÈNE.
Nouveautés.
Charron jeune.

BELLÈME.
Draps, Nouveautés.
Benenil.
Brière-Avertin.
Desse (veuve).
Morière.
Talforeau-Virlouvet.
Tuffier-Cerné.

LAIGLE.
Bonneterie.
Bouillère.
Bunodière.
Galopin.

Draperie, Nouveautés et Rouennerie.
Alexandre Delarue.
Bulat aîné.
Chavallier.
Cubain aîné.
David-Cibert.
Gastin.
Hervieux.
Lebaudz.
Sanson-Bouvrei.
Mercerie en gros et Rubans.
Nochet.
Thibout-Thibault.
Turbout aîné.
Turbout jeune.
Toiles.
Thiboust Duval.

LONGNY.
Draps.
André-Noël.
Desvaux.

REMALARD.
Draps.
D'Haussy-Pingnet.

Département du PAS-DE-CALAIS.

Arrondiss. d'Arras.
ARRAS.
Draps.
Boicervoise.
Bonneau.
Debethisy frères.
Demay Taillandier.
Defontaine.
Deplanque-Cocquel.
Dubron Victor.
Leroux-Lestocquoy.
Lescardé.
Constant-Roussel.
Thorier
Mercerie.
Blanchard.
Carlier Jules.
Charruey.
Debray.
Fenet-Delcroix.
Leclercq-Lefebvre.
Legentil-Parent.
Mérot.
Michaux.
Pissotte-Deligny.
Sinset.
Nouveautés.
Bouquet-Roch.
Courtois.
Legay Hennebicque (veuve).
Defontaine.
Rouennerie et Toiles.
Allart (Mlle).
Callens-Pollard.
Colin.
Corriez-Lérisson (veuve).
Courtois-Petitbois.
Degrincourt-Briois.
Lourdel-Ledieu.
Legentil-Caron.
Loviez (veuve).
Pottier-Labouré.
Sauterne-Catelin.
Villard-Deron.

BAPAUME.
Daps.
Cailleret-Crassier.
Caron-Cassel.
Cassel.
Magniez-Boniface.
Fage-Danès.

Mercerie.
Lefébure.

BEUGNY.
Toiles.
Bachelet.

PAS.
Draps.
Froid-Stienne.
Mouton.
Robiquet.
Stienne.
Mercerie et Toiles.
Mouton-Robiquet.
Rouennerie et Nouveautés.
Robiquet Darras.

SAINTE-CATHERINE.
Draps, Rouennerie et Toiles.
Corriez-Lerisson (veuve).

Arrondiss. de Béthune.
BETHUNE.
Bonneterie.
Guvelier-Flament.
Cardon.
Deusy.
Marles-Carpentier.
Quennesson.
Draps et Toiles.
Bailly (veuve).
Breton-Gayant.
Carette-Delcloque.
Duriez.
Guyant.
Gourmet-Penin.
Guillaumont-Beaucourt.
Laman.
Martin.
Viucent-Vaillant.
Nouveautés.
Labitte.
Mercerie.
Heaulme.
Outreban.
Tantellier.

CARVIN.
Draps.
Crépin-Boutry.
Honoré Mortrenx.
Pipelart-Cloquié.

HOUDAIN.
Draps.
Cousin.
Cuveiller.
Dupont.
Gosselin.
Masse.
Pannier.
Sergeant.

LAVENTIE.
Draps.
Taffin-Taffin.

LENS.
Draps, Rouennerie et Toiles.
Bauduin.
Delattre.
Grare.
Spriet-Demayer.
Frémicourt.
Longuet.

LILLERS.
Draps et Toiles.
Lemaire.
Laversin.
Bailly.
Laversin-Barrois.
Scossa.
Turbiez-Deleloque.
Warembourg-Darc.
Mercerie.
Lobry.
Négociants.
Dautremer.
Fanien-Leprêtre.
Toiles.
Brassard.
Caron.
Duhamel.
Hanon.
Lecomte.
Mayeur.

SAILLY-SUR-LA-LYS.
Draps.
Cornat Maurice.
Cornat-Courcolles.

Arrondiss. de Boulogne.
BOULOGNE.
Bonneterie.
Guillau.
Lavocat-Descille.
Ronqvaux Joseph.
Ronqvaux-Magniez.
Draps, Toiles et Indiennes.
Adam.
Baret-Royer.
Beaudouin-Herbault.
Bigot.
Constant Furne.
Déguine.
Gautier frères.
Hochedée.
Leblond-Volant.
Lefebvre.
Magnier Fortin.
Mallet.
Mullot Podevin.
Senlis.
Vaillant (veuve).
Wimet-Ovion.
Rouennerie en gros.
Delattre-Haffreingue.
Haffreingue.
Péant.

CALAIS.
Bonneterie.
Barroux aîné.
Barroux cadet.
Mesureur-Dobigny.
Draps.
Cerf A.
Mercerie.
Colas-Duthilleul.
Delporte.
Gaugne S.
Nouveautés.
Everaert.
Miller.
Mullier-Porqnet.

DESVRES.
Mercerie.
Leporeq-Bethuaire.
Leporeq-Leleu.
Moison et Ce.

GUINES.
Draps.
Frezier.
Dagbert.

MARQUISE.
Draps.
Magnier-Montenuis.
Quenu (Louis).
Mercerie.
Eliet-Rabenne.

SAINT-PIERRE-LES-CALAIS.
Nouveautés.
Trouille-Robbe.

Arrondiss. de Montreuil.
MONTREUIL.
Draps.
Barré.
Gotschot-Lévy.
Guilmet.
Laballe.
Defrémont.

Lepouzet.
Percheval.

ÉTAPLES.
Etoffes.
Draps et Rouennerie.
Bigot-Coppin.
Morel-Ducarnoy.
Pouchet-Caloin.

FRUGES.
Draps.
Capy.
Gibeaux (sœurs).
Gosselin.
Lecucq.

HESDIN.
Draps et Nouveautés.
Avisse.
Lebrun.
Lyon-Noiset.
Renault.
Sellier.
Senez.
Nouveautés.
Levert.
Toiles.
Olivier.
Porier (Mme).

HUCQUELIERS
Draps.
Blum Henry.
Guigard.

Arrondiss. de Saint-Omer.
SAINT-OMER
Bonneterie.
Anne-Bogaert.
Darque-Duhamel.
Gaventou.
Lebrun-Lecesne.
Surelle aîné.
Surrelle-Cordier.
Surrelle-Vanzenbrouck.
Draps.
Boulet.
Delbarre Drius.
Derudder-Veyns.
Dumont-Deschamps.
Gaillard.
Gaillard-Cocquerel.
Loisel-Nedousel.
Nouveautés.
Guéroult.
Cuvillier-Joannelle.
Dumont-Decamps.
Debidas.
Delpouve-Gaveau.
Homo-Bled.
Rouennerie en gros.
Gabet et Glorieux.
Rou nnerie en détail.
Flamezelle.
Bouillet (veuve).
Destombes-Verbog.
Toiles en gros.
Bloëme-Sapellier.
Delebarre (Mlle).
Dubout.
Obin.

AIRE.
Draps.
Debuire.
Deplanche.
Galand.
Lachelin.
Lambart.
Porteau.
Tharel.

AUDRUICQ.
Draps.
Everard.
Massard (Mme).
Nouveautés.
Leulliette.
Martin.

Arrondiss. de Saint-Pol.
SAINT-POL.
Draps.
Delahousse.
Lavoisine.
Négociants.
Bacqueville.
Delau.
Roussel-Dewacquez (veuve).

AUXY-LE-CHATEAU.
Draps.
Loir.
Loir Cauchi.
Lefebvre.

AVESNES-LE-COMTE.
Bonneterie.
Bandet.
Delmotte.
Dournel.

FREVENT.
Draps.
Carré-Furne.
Revillon (Mlle).

Département du PUY-DE-DOME.

Arrond. de Clermond-Ferrand.
CLERMOND-FERRAND.
Bonneterie.
Grau-Mallet.
Conchon-Quinette.
Draperie, Rouennerie et Nouveautés.
Basse-Rolhion.
Brumol-Maigne.
Clavillier-Boudet.
Collangettes et Faure frères.
Collangettes Auguste.
Collier et Soulier.
Dechelette frères et Lapoire.
Dumas.

Dupuis-Bujadoux.
Faure frères.
Fontaine fils.
Gerin et Entier.
Grolleron.
Jean Jacob.
Lafarge Henri.
Lavandier.
Marmier.
Pallet jeune.
Peigue.
Pradier-Roux.
Renoux fils et Salesse.
Rodde et Mallet.
Ruand.
Sauret (Mme) et Tournade.

Mercerie.

Abonnet-Carolet.
Fourneuve.

Nouveautés.

Hervier et Dumas.
Levadaux Brun.
Marche et Paumier.
Morel et Morel.
Richomme fils.
Richomme père.
Michel Sauret et Maurice.
Tournade.
Paulin-Maugne.
Secrétain-Cavar.
Vidal Louis.
Wolf Félix.
Jacob (Mme).

Tailleurs.

Bargeon.
Buisson.
Chatel.
Chevette et Ce.
Florant père et fils.
Gondelon.
Mallet T.
Penchon Fossé.
Robert.
Simon.
Taillandier.

Toiles.

Flament.
Justin neveu.
Martin et Réfrégé.
Salze frères.

BILLOM.

Draps, Toiles.

Noilat.

PONT DU-CHATEAU.

Négociants.

Gros frères
Heyrault Monate.
Place Bargoin.
Portepain et Ce.

SAINT-AMAND, TALLENDE.

Mercerie, Nouveautés.

Magenne (Ve).
Magenne-Danséral.
Noelat Marie.

Arrondissement d'Ambert.

AMBERT.

Draps.

Arnaud et Ledieu.
Basse Rolhon.
Chabrier-Chabrier.
Donnaud-Mandet.
Tarit.

CUNLHAT.

Négociants.

Fustier.
Hivert frères.
Pourrat.
Roche Félix.

SAINT-GERMAIN-L'HERM.

Mercerie.

Bard.

Arrondissement d'Issoire.

ISSOIRE.

Draps.

Alexis Blanc.
Burguet.
Blanc.
Dufaut-Bonnoure.
Dufaud (veuve).
Duprat (veuve).
Laroche.
Rodde (veuve).

Verdier (Mme).

Mercerie.

Flat père.
Flat fils.
Chattin.
Blanc Desphins.

Lafarge et fils.

CHAMPEIX.

Draps.

Rougier-Chomet.

SAINT-GERMAIN-LAMBRON.

Draps.

Gérard.
Machepoil.

Mercerie.

Abonnat.
Chabrut.
Chaussade.

Arrondissement de Riom.

RIOM.

Draperie.

Salomon.
Gorce-Verru.
Tardif-Tallon.

Toiles et Nouveautés.

Armand sœurs.
Foulhouze-Verru.
Massif-Labbe.
Serindat et Message.
Barbecot.
Combaut.
Morel.
Petit-Lafond.

AIGUEPERSE.

Draps et Mercerie.

Guittard.
Nony.
Bayle.

Arrondissement de Thiers.

THIERS.

Draps.

Boutaud-Sauret
Cornil.
Fortoul.
Verdier Boutaud.

Mercerie.

Michel Emile
Retru-Amblard.
Retru-Bertry.

COURPIERRE.

Draps.

Charbonnet.
Dubien.
Dumas (veuve).

Département des PYRÉNÉES (BASSES-).

Arrondissement de Pau.

PAU.

Draps.

Ansar Lévy (veuve).
Delarue Louis.
Frois Victor.
Gassion.
Montaubric.
Lapeyère.
Lazare-Lyon.
Mendez.
Peschaire.

Drapiers-Tailleurs.

Ader.
Beuste.
Barbaudy.
Dambourges.
Delage et fils.
Filhon fils.
Flamen.
Lagardie.
Larrouy.
Rabaud.
Rimbaut et Ce.
Veper.
Yllhé.

Mercerie.

Chiron.
Corneille.
Coustan.
Lamaignére.
Tallard.

Modes et Nouveautés.

Cibien M.
Laudet
Lapouble.
Minvielle.
Monteaubric.
Mélina Riarlin.
Naubonnet sœurs.
Pélanne.
Puisségur et Forgues.
Soulé.

Rouennerie.

Bellocq.
Bur.
Bur fils.
Casabanne.
Communay-Lapeyrère.
Floret fils.
Lazare-Lyon jeune.
Viguerie fils.
Viguerie père.
Mendez.
Tallard fils.

LESCAR.

Draps.

Laplace.

Négociants

Angousture.
Taco.

NAY.

Draperie et Rouennerie.

Callet.
Caseaux.
Donassan.
Marchand.
Nessans.
Beauville.
Camors.
Fourtic.

Arrondissement de Bayonne.

BAYONNE.

Draps.

Bastide et Ce.
Baudron aîné.
Bordart.
Detroyat et Ce.
Dizac.
Frois frères.

Tailleurs.

Gol.
Halsouet.
Labarraque J. et Ce.
Lagarde.
Larroque.
Soucaret.

Nouveautés.

Basterrèche.
Duperche et Lagonarde.
Foy.
Harambourc et Moner.
Lebreton.
Cazenave et Ce.
Cerf

Rouennerie

Blanc.
Dacosta et Rodrigues.
Dorruthy.
Gomès Jules et Ce.
Haïm D.
Lages.
Léon.
Léon Jules et fils aîné
Les fils de Josué.
Léon.
Léon aîné et frères.

Toiles.

Bidaubigue.

BASTIDE-CLAIRENCE.

Bonneterie.

Castagnet G.
Cornu.
Galan.
Darichon.
Diu.
Diu D.
Durruty P.
Labouret (veuve).
Lasarbal.
Saint-Bois.

ESPELETTE.

Draps et Toiles.

Bertrand.
Lacaze.
Palazie.

HASPARREN.

Draps, Toiles.

Deyhéralde père.
Hiriard.
Hirirgoyen.
Larrardy.

SAINT-JEAN-DE-LUZ.

Draps et Toiles.

Camicas.
Dufourcq.
Hiriart.
Laffitte sœurs.
Lissardy (veuve).
Noguez.
Sallaberry sœurs.

Arrondissement de Mauléon.

MAULÉON-LICHARRE.

Draps.

Beguerie B.
Beguerie J.
Beguerie L.

SAINT-JEAN-PIED-DE-PORT.

Draps.

Beheran J.-P.
Fontan.
Fort fils.

SAINT-PALAIS.

Draps.

Bidart.
Ségalas aîné.

TARDETS.

Draps.

Couture frères.
Dagnerre J.

Darbempé L.
Grison et Dabense.

Arrondissement d'Oloron.
OLORON.
Bonneterie.
Cousté fils.
Daguzan.
Moras.
Noguès frères.
Proharam et Bouderon.
Robert.
Tournaban.
Lacassie.
Biot fils.
Estrabou.
Draps.
Beylac aîné.
Boneau.
Camou.
Caen.
Dugerre.
Dhers.
Lamarque-Souviron.
Minjoulet.
Poey Ge.
Poy (veuve).
Pinede jeune.
Souviron.
Tornès.
Rouennerie et Toiles.
Barthe frères.
Baulet fils aîné.
Charbonnel.
Charbonnel aîué.
Hayet frères.
Ducos frères.
Layrisse.
Limendoux Aimé.
Daffargue-Menjoulet.
Minvielle.
Pénin.
Pinede aîné.
Vignan.
Nouveautés.
Vissié.
Marchands-Tailleurs.
Goyène.
Larrose.
Lascompagne.
Luzette.
Rey.

BEDOUS.
Rouennerie.
Barbaren.
Larricq.
Mirallon.
Nouqué.

SAINTE-MARIE-LE-GRIGNON.
Négociants.
Cayro.
Barthe frères.
Dagnerre (veuve).
Latriture.
Rouennerie.
Queriblacq.

Arrondissement d'Orthez.
ORTHEZ.
Chesnelong.
Etrampes (veuve).
Calerande.
Lacoste.
Lamatabois-Camescasse.
Peytin et Brassa.
Sarrailh E. et Ce.
Négociants.
Chesnelong et fils.
Lafargue aîné.
Marsoo.
Poey et Souvlron.
Rouennerie.
Darrié (veuve).
Lucasson.
Miramon (Mlle).
Planier.

NAVARRENX.
Draps.
Campagne.
Dourbie.
Léon.
Peyrié.

Département des PYRENEES (HAUTES).

Arrondissement de Tarbes.
TARBES.
Mercerie.
Barraux.
Carrère fils.
Chastanel.
Claverie.
Dastugue fils.
Draps, Rouennerie et Nouveautés.
Bartalaix.
Bordes J. et Ce.
Cazaux.
Danos jeune.
Danos (veuve).
Douhain (Mlle)
Lampre.
Pourquié dit Marcel.
Tardif.
Valette.
Marchands-Tailleurs.
Dantis.
Somès.

VIC-EN-BIGORRE.
Draps.
Desca H.
Despetits.
Fortassin.
Lacaze Izidore.

Arrondissement d'Argèles.
LOURDES.
Draps et Nouveautés.
Daste.
Lasserre.

imorin.

LUZ.
Négociants.
apdit.
radet.
ergès-Sarrat oncle.
ergès-Sarrat neveu.

Arrondissement de Bagnères.
BAGNÈRES.
Draps.
Besnard.
Dianous.
Manas fils.

ARREAU.
Négociants.
Calamun.
Pic frères.

Verdier.
Vidailhet.

CASTELNAU-MAGNOAC.
Draps.
Abadie.
Ferrère.

GUCHEN.
Draps.
Gertoux.
Olive frères.

Département des PYRENEES-ORIENTALES.

rrondissement de Perpignan.
PERPIGNAN.
Draps, Toiles et Nouveautés.
Albar.
Baqué.
Brugat J.
Codine Julien.
Combe.
Cuille.
Dauder J.
Eolquet.
Lajeune.
Milhaut J.
Morel.
Mouran (veuve) et fils.
Realon-Farines.
Rolland.
Saury-Villar.
Siau.
Soubrasterrit.
Souquet.
Vaur (Mlle).
Villalongue Ed.
Villalongue Selv.

ELNE.
Draps.
Gaudissart Jules.
Montariol.
Taulère.

RIVESALTES.
Draps.
Ay.
Canal.

THUIR
Draps et T
Delclos.
Just.
Violet.

Arrondissement de Ceret.
CERET.
Draps.
Bazerle.
Gineste.
Millou.
Ribès.
Vignès.
Villard (veuve) et fils.

ARLES-SUR-TECH.
Négociants.
Aldon-Carbonne.
Dubois frères.
Durand-Sauveur.
Pujade Jules.
Ibran.
Ribes-Durand.
Rouennerie et Toiles.
Mary-Mouchard.

Meulenat.

COLLIOURE.
Draps.
Berge père et fils.
Roussié.

PORT-VENDRES.
Négociants.
Durand.
Mas.

SAINT-LAURENT.
Toiles.
Bosch.
Bayon Paulin.
Portes Frédéric.
Ribes.
Serradell et Méric.

Arrondissement de Prades.
PRADES.
Draps.
Boher.
Marler.
Navarré aîné.
Roux.

BOURG-MADAME.
Etoffes.
Barière.
Barière-Maquel J.

ERR.
Négociants.
Colomer.
Giral.
Pastoret.

ESTAVAR.
Nouveautés.
Carbonel P.
Grau-Barnola.

ILLE.
Draps, Toiles et Nouveautés.
Guitard.
Mathieu.
Morel.
Marguy.
Salanco.

MONT-LOUIS.
Draps, Rouennerie.
Arro.
Rougé.
Vergès.

SAILLAGOUSE.
Etoffes.
Arro,
Calvet.
Cotaur.
Paladd.

SOURNIA.
Négociants.
Tysseyre.

VINCA.
Draps.
Pans.
Vergès.

Département du RHIN (BAS-).

Arrondissement de Strasbourg.

STRASBOUG.

Bonncterie en détail.
Diehl.
Anstœt.
Herbin.
Schœnlaud.
Schuler.
Steinmetz.
Weber.
Wolff.

Nouveautés.
Dirr-Bech et Ce.
Blum frères.
Chas et Ce.
Exel fils.
Gatty Auguste.
Heintz.
Juillard.
Lamarche.
Pertel Henry.
Oppenheim-weill.
Picbuet.
Truck et Ce.
Hass (Mlle).
Henaut (Mlle).
Geistod.
Antoine.

Tailleurs.
Barthe.
Belley.
Brunner.
Ferber.
Gazza.
Grandsart.
Linden François.
Ennes.
Secheneider.
Martin.
Sechenkel.
Schleisinger.
Schmidt.

Toiles.
Adam-Schneider.
Benjamin et Ce.
Bockel et Repreis.
Ehmann J.
Farner J.
Funchs Pierre.
Gimpel J.
Katz.
Simon.
Lang J.
Mayer.
Ruef et Bicard.
Valentin.
Wiber.
We'll Silvain.
Weill jeune.
Willard, Jos er Forest.

HAGUENAU.
Draps.
Meyer et Ce.
Rose et fils.
Strauss.
Weill.

Merciers et Nouveautés.
Edler.
Meyer (L.).
Ruh.
Schœeffer.

MUTZIG.
Draps.
Léopold-Reiss.

Arrondissement de Saverne.

SAVERNE.
Draps.
Darlon.
Heyl.
Jacques Levis.

Mercerie.

Oarlon aîné.
Comès.
Fingade.

BOUXWILLER.
Draperie, Rouennerie et Nouveautés.

Ch. Ehrman fils.
Kauffmann Abraham.

Arrondissement de Schelestadt.
SCHELESTADT.
Draps.

Dreyfus.
Hatterer.
Hemann.
Levy frères.
Reynder père.
Reynder fils.
Sribe.

BARR.
Bonneterie.

Boss.
Hermann.

BENFELD.
Négociants.

David.
Jonas.
Weyl.
Salomon et Michel.

OBERNAI.
Draps.

Weill.
Cerf.
Wenachter et Stahl.

Toiles.

Jaegle.
Muller (veuve).
Mohler Ad.

VILLE.
Draps.

Wenachter et Stahl.

Arrond. de Wissembourg.
WISSEMBOURG.
Bonneterie.

Gambert.
Ried.
Muller.

Draps.

Bœll fils.
Krauss.

Merciers.

Lutzhé.

SELTZ.
Négociants.

Bertat.

Département du RHIN (HAUT-).

Arrondissement de Colmar.
COLMAR.
Draps et Nouveautés.

Chappuis.
Ehrlen.
Chevalier frères.
Cristmann J.-B.
Dinago (veuve).
Meyer-Picard.
Strauss.
Wagnier.
Berger.

Mercerie.

Binder.
Benckard.
Gross Jules.
Kubler.
Kahn.
Kubler-Kamentz.

Bonneterie.

Rhoté Louis.
Dréfus.

Tailleurs.

Garbe.
Hecklé.
Riegel.
Scilling.
Schwenck.

GUEBWILLER.
Draps et Nouveautés.

Beaumann.

MUNSTER.
Draps.

Kahn.
Spiesser.
Steinbrenner F.

Mercerie.

Spisser.
Fissener.

RIBEAUVILLÉ.
Rouennerie et Toiles.

Mainrad-Kietzler.

ROUFFACH.
Draps.

Mertian.

SAINTE-MARIE-AUX-MINES.
Draps.

Lang.

Marchands Tailleurs.

Veiss.

Mercerie.

Colotte-Charles (veuve).
Gerardin.
Gebhart.
Mougeot (veuve)
Dupré.

SOULTZ.
Bonneterie.

Aulin et fils.
Terrier Louis.
Bloch.
Levy.

Négociants

Mayer-Bloch.

Arrondissement d'Atkirch.
ALTKIRCH.
Bonneterie.

Marien.

Zadoch.

Draps.

Blum fils cadet.
Rueff.
Schmoll fréres.

Mercerie.

Deroche (veuve).
Levy
Zaysser (veuve).

MULHOUSE.

Rouennerie et Nouveautés.

Benner (Mlle).
Blum.
Brath-Witz.
Buchy.
Deloche (Mlle).
Dreyfus (Nathan).
Fleury sœurs.
Lazare Lautz et fils.
Les fils d'Emmanuel.
Levy.
Rieffel-Ferenbac.
Werteimed.
Wurmser.

Bonneterie.

Jean-Metzger.

Draps.

Brauschweig-Badegay.
Dreyfus et Waflich.
Kœuffer.
Laederich.
Schon J.

Mercerie.

Brunswich J.
Coschelsberg et Well.
Jean Metzger.
Jeanmaire.
Jung
Junghans.
Levy.
Paul Picard.
Scherer-Wogensky.
Steiner-Dolfus (veuve).
Walensky fils.

Arrondissement de Belfort.

BELFORT.

Draps et Nouveautés.

Rubens.
David-Levy aîné.
David-Levy jeune.
Giros.
Jeaneler.
Muller.
Nathan-Brunswich.

Mercerie.

Beloux Abel.
Fressenot.
Grosborne.
Leroux (veuve).
Maglioco fils aîné.
Maglioco frères.
Paillard.
Rochet.

Nouveautés.

West (Mlle).

Toiles en gros.

Perrit.

DELLE.

Etoffes.

Ducrot.
Levy J.

GIROMANY,

Négociants.

Zeller Xaxier.
Colley.
Frinot.
Zeller, Ch. J.

THANN.

Draps et Nonveautés.

Blum (D.).
Boesch (X.).
Muller Vonzeau.
Simonin.
Sick-Armand.

Département du RHONE.

Arrondissement de Lyon.

LYON.

Draps.

Allard.
Aynard et fils.
Basset J. P.
Berger.
Bergeret F. et Ce.
Billaz et Gaget.
Bonnafay et Ce.
Chanet.
Chanut, Veyre et Ce.
Charrin et Ce.
Combichon aîné.
Crussy (A.) et Ce.
Darcher Ch.
Darnat F.
Degache, Guerin et Ce.
De Saint-Jean et Ce.
Desgrands père et fils.
De Saint-Jean frères.
Garcin père et fils.
Gayet, Gourd et Ce.
Genin aîné et Ce.
Lambert aîné et Ce.
Larbanet-Lacroix.
Laroque aîné et Ce.
Maion fils et Guirot.
Moinet (J.) et Ce.
Perrachon et Cret.
Reynaud et Chollet.
Rozier.
Sobrier.
Talon père et fils.
Touni.
Wrillaret Lapierre et Germain.

Mercerie.

Gabillot.
Arnaud.
Assada neveu.
Baillivy S. et Ce.
Benoist frère et sœur.
Berlier.
Bernier.

Biset et Viallet.
Blans Palon.
Bonnamour jeune.
Boucher aîné.
Bouyer-Fore.
Callis Auguste.
Calva fils
Cote (Arnaud).
Cottin fils.
Crevat aîné et Ce.
Dervieux jeune.
Devers (Guillaume).
Dervieux J. M.
Dolbau jeune.
Dupont M..
Flacheron-Micheron.
Gaillard jeune.
Gonindard J.-B.
Grand (F.).
Guereau.
Guillou fils frères.
Gabillot.

Nouveautés.

Amotet.
Fout.
Estène.
Hébrard.
Marty.
Denis.
Dutail.
Clair.
Belin.
Lorent.
Audifrey.
Saint-Albin.
Montel.
Achard.
Guignard.
Guiraud et Collet.
Chevrier.
Meunier.
Matheon.
Vignes.
Billaz.
Biscornet (Mme).

Rouennerie en détail et Toiles.

Belmont J. aîné.
Belval.
Benoit.
Blond et Cavrier.
Chambeyron aîné.
Couvert (Mlle).
Delorme fils.
Empaire (veuve).
Esnault-Pelleterie.
Espjard F.
Finaud Bony.
Fourneet père et fils.
Gudin et Favier.
Gagé (Mlle).
Gachod Ch.
Gambès-Chambeyron.
Greilsamer.
Grillet aîné.
Guigard et Ce.
Guiraud et Collet.
Guid. Ant.
Hodieux frères et Ce.
Julien et Guillermet.
Lafond (veuve).
Lamann frères.
Lévy (L.)
Mallen-Gachot.
Marix frère jeune.
Montessuy, Mantoue et Ce.
Mouth et Deviller.
Nordheim Louis.
Ovize et Peyron.
Paquet, Marsal et Ferrier.
Petit frères.
Picard et Ce.
Pleney frères et Ce.
Poncet frères.
La Reine des Tilleuils.
Robert Auguste et Ce.
Valich et Ce.

CONDRIEU.

Draps.

Bourdin.
Garon.
Morel, père et fils.
Villard.

Mercerie.

Cornillon.
Cros.
Favier.
Dervieux.
Pouzet.

Rouennerie.

Frecon (Mlle).
Garon.
Guy.
Paret.

LA CROIX-ROUSSE.

Bonneterie.

Jullum.
Waël.

Rouennerie.

Charrezieux.
Deguin.
Diochat.
Dupont.
Edouard.
Gueret.

ÉCULLY.

Draps.

Brisson.

GIVORS.

Négociants.

Alliment.
Glas.
Pitrat (Michel).
Revol (P.).
Viallet et Targe.

LA GUILLOTIÈRE.

Mercerie.

Chevet et Ce.

SAINTE-FOI-LÈS-LYON.

Négociants.

Bouillon.
Gros.

VAISE.

Rouennerie.

Allard.
Courtois.

Arrondissem. de Villefranche.

VILLEFRANCHE.

Mercerie.

Clerc.
Grenier.
Sapin.

Toiles.

Jouné et Grisier.
Biollay, Troncy et Ce.
Chamussy et Grumel.
Depagneux et Ce.
Duharue et Ce.
Forgeot-Carret.
Dulac aîné.
Escoffier-Canet.
Germain.
Divry et Sapin.
Berthelon et Ce.
Lermitte et Collange.
Lermitte, Rignier et Ce.
Millet-Morel fils.
Peignaud et Ce.
Royer-Alix et Ce.
Sanlaville et Morel.
Serre et Louvier.
Suchel frères.
Léon Tête.
Marion fréres.
Mayoer et Revel.

AMPLEPUIS.

Draps et Rouennerie.

Vignon (veuve) (L.).
Vignon sœurs.
Vignon-Vignon.
Dumas (M.).
Goutter (Mlle).
Lely (J.).

BELLEVILLE-SUR-SAONE.

Nouveautés.

Dessalle.

BEAUJEU.
Draps.
Loup et Ce.
Chervin.

CUBLIZE.
Bonneterie.
Longère.

Draps et Toiles.
Denis-Ollier.

TARARE.
Draps et Rouennerie.
Jobard.
Pierron.

Négociants.
Chrétien fils.
Duvillard et Ce.
Fion.
Mac-Culloch frères.
Massard.
Thoral jeune.

Département de la SAONE (HAUTE-).

Arrondissement de Vesoul.
VESOUL.
Bonneterie.
Diss.
Diss jeune.
Draps et Toiles.
Ebstein.
Grellet-Liautey.
Henri Patenaille.
Lyautey C.
Pelteret.
Philippe Prevost.
Saunois.
Tramus.
Nouveautés.
Thevenin.
Merciers.
Daviot.
Colarde.
Kramer.
Maniglier (V^{e}).
Munnier (V^{e}).
Halem.
Tavernier (V^{e}).
Toiles.
Tramus Joseph.

FAVERNAY.
Draps et Bonneterie.
Blum frères.
Thierry-Bichoffe.
Begerard.

JUSSEY.
Blum-Nephtali.
Darcemont.
Pierrot-Scribaux.

PORT-SUR-SAÔNE.
Draps.
Durget.
Lévy.

RIOZ.
Draps.
Garnier.
Perret.

ROSEY.
Cornet.
Laurent.

CEY-SUR-SAÔNE.
Draps, Toiles et Rouennerie.
Brejoux-Parent.
Soyard-Calley aîné.
Calley cadet.

Arrondissement de Gray.
GRAY.
Draps.
Avrelet Poulot.
Billot (Mlle).
Breger.
Block.
Blum (David).
Bressard-Goubillon.
Guin.
Lévy.
Loigerot.
Poulot-Minary.
Schwob.
Veyrès.
Brissard.
Bonneterie.
Blangey.
Bonvaley.
Demay.
Colomb.
Huot.

CHAMPLITTE.
Draps et Rouennerie.
Dupuis.
Faysler.
Frere Jacques-Guère.
Landel.
Lamiral.
Merlin.
Monniot.
Parisot.
Viard (V^{e}).
Mercerie en gros.
Guigon.
Rossignot.

DAMPIERRE-SUR-SALON.
Rouennerie et Nouveautés.
Quetel-Gounaut.

FRESNE-SAINT-MAMÈS.
Bonneterie.
Bonnefoy.
Grand.
Priquet.

GY.
Draps.
Raymond.
Berthoz.
Lelut.
Rousselot.

MARNAY.
Draps.
Defer.
Grisot.

PESMES.
Draps.
Allemand (Mlle).
Augé.
Bonnin.

RENAUCOURT.
Négociants.
Huvelin.

Arrondissement de Lure.
LURE.
Draps.
Moignot.
Schwob aîné.
Schwob jeune.

CONFLANS.
Draps.
Schmol.

FOUGEROLLES.
Draps.
Grombach.
Gosselin.

HERICOURT.
Draps.
Lods (veuve).
Perdrizet.
Demongeot (Ve).

LUXEUIL.
Draps.
Billy-Pierrey.
Cahen (veuve).
Deton-Vagny.
Franc-Deroche.
Grombach.
Levy-Grombach (Ve).
Levy-Aaron.
Ménigoz (veuve).
Morel-Leyat.
Olivier.

Mercerie.
Demaison-Blanche.

MELISEY.
Bonneterie.
Cardot.
Draps.
Colin.
Pinot.

SAINT-LOUPS
Medard.
Pommier.
Nouveautés.
Béroard,
Jacquez.
Lesire.

SAULX.
Draps.
Dunaud.
Gousset.
Salyner.
Négociants.
Cornu.
Etienne.
Fougères.

Département de SAONE-ET-LOIRE.

Arrondissement de Macon.
MACON.
Bonneterie.
Barachin (Mme).
Constantin.
Giraud-Moulin.
Goy-Dion.
Lanliat.
Perrault et Ce,
Draps. Rouennerie, Nouveautés et Toiles
Baillard.
Conturier L.
Chamonard.
Charvet fils.
Dejoux Bachelard.
Dubois-Desprès.
Fortoul neveu et Goyon.
Frosbois Fayard.
Lions-Vésinier.
Mathieu aîné.
Perraud-Pelessier et Ce
Vesinier fils.
Welter.
Limberger.
Mercerie.
Giraud jeune et Boyer.
Mayette.
Parisot.
Perraud.
Négociants.
Bocard et Prothey.
Lemonon frères et Dupasquier fils aîné.

CLUNY.
Draps.
Augoyat.
Lefranc. père.
Lefranc fils.
Liteau cadet,

SAINT-GENGOUX-LE-ROYAL.
Draps.
Cardinal.
Mussy.
Porchet.
Rousselot.
Violot.

SAINT-SORLIN.
Négociants.
Boullay.
Versaut.

TOURNUS.
Draps. Rouennerie
Faure-Butte.
Guérin.
Millet.
Montagnon.
Moulin.
Provensal.
Terrier.

Arrondissement d'Autun.
AUTUN.
Draps.
Alexandre.
Brunet frères.
Cheuret-Goin.
Moussu-Bauzon,
Saulniée et Dulel.
Seguin-Thiébault.
Négociants.
Bauchetet.
Gom frères.
Michaut Bauchetet.
Olinet.
Seguin Thiebault.
Zuan père et fils.
Bauzon.

MONTCENIS.
Draps et Toiles.
Bouthier.
Masson.
Nicaud.
Pernette (veuve).
Taillade.

Arrond. de Chalons-sur-Saône.
CHALONS-SUR-SAONE.
Bonneterie.
Bosviel (veuve).
Menand.
Ponsart et Langeron.
Monmouthier.
Violot (veuve).
Draps, Toiles, Rouennerie et Nouveautés.
Chevalier-Laurenchet.
Chevrier Laurent.
Chevrier fils et Ce.
Durard frères.
Ferrandy-Bo.
Meulien Pannetier et fils.
Prouveze-Ollier.
Thiebault Edouard et Brintet.
Porcher et Bolvin.
Bardot Franon.
Billot.
Grognot Pernette.
Gros J. et Ce.
Jourdain et Grondard.
Lebeau-Carré.
Potier-Roux.
Morin-Matrol.
Simon Weil.
Mercerie.
Bonthoux Louis.
Bosviel (veuve).
Foret frères.
Lallemand et Ch.
Beury.
Menaud Ponsard et Laugeron.
Mercier-Jouanne.
Thier.
Pestre et Boissard.
Nouveautés.
Bonneaud-Morrel.
Négociants.
Baillet (veuve) et fils.

BUXY.
Draps et Toiles.
Brière et Lartault.
Limozine.
Toy Vittault.

GIVRY.
Draperies.
Barault.
Dalençon.

VERDUN-SUR-LE-DOUBS.
Draps et Rouennerie.
Adrien (Me).
Blanchet-Gagneux.
Verrand-Sordet.

Arrondissement de Charolles.
CHAROLLES.
Draps et Toiles.
Baudot.
Dumont.
Letievent.
Roux.
Tillion.
Tillon-Gagnard.

BOURBON-LANCY.
Draps.
Carré.
Dejoux.
Pain.

CHAUFFAILLES.
Draps et Toiles.
Laroche.
Leaumorte.
Rollet.
Simon.

DIGOIN.
Draps et Toiles.
Gonfrier.
Malbruneau.
Tissier.
Veillerot.
Vignon.

GUEUGNON.
Draps.
Michel Laly.

MAREIGNY.
Draps.
Langlois.
Jourdier.

PARAY-LEMONIAL.
Draps.
Berger père et fils.
Derbez.

SAINT-BONNET-DE-JOUX.
Draps et Rouennerie.
Bernard Lolive.
Lapraye.
Monnier fils.

Arrondissement de Louhans.
LOUHANS.
Draps et Toiles.
Brintet-Janin.
Lerouge (veuve).
Maubey-Lachize.
Millet.
Montange aîné.
Montange jeune.
Mollet fils.

CUISERY.
Draps.
Bussières.
Griffaud.
Grognot (veuve).
Nouveautés.
Bontoux.

Département de la SARTHE.

Arrondissement du Mans.

LE MANS.

Bonneterie.

Appert.
Houdayer.
Hutrel.
Lamy.
Moulin.
Trouillard-Cuillier.

Draps.

Blanchard fils.
Beaury fils.
Clerc frères.
Courtois aîné.
Courtois jeune.
Fauvel.
Gaisnier.
Maillebois et Bruneau.
Pinson et Genay.
Roussel frères.

Mercerie et Bonneterie.

Barouille.
Baud.
Chardon.
Chelot Tessier.
Derré Laboreau.
Dufresne.
Fertray-Guillemard.
Jourdain.
Jouy Bigot.
Lamé Galpin.
Lecorney.
Malmouches frères.
Maucourt-Touailler Alphonse.
Menestrier Philippe (Me).
Tessier Lebatteux.
Trouillard-Cuillier.

Nouveautés.

Lablanchetière,
Brossard.
Rochau.
Lecomte.
Duton.
Brout.
Defas.
Poupelin.

Nouveautés et Toiles.

Grandin.
Beaury fils.
Brieré.
Cortois jeune.
Fleury Gasnier.
Fortier Duval.
Lamy (veuve).
Launay.
Loiseau.
Lenoir.
Perinelle-Desforges.
Thorel-Métivier.

Rouennerie.

Dessé.
Blanchard fils.
Clerc frères.
Fleury-Garnier.
Grossin aîné.
Guichard et Froyer.
Roussel.
Taudon-Guibé.
Hubert (Me).

ECOMMOY.

Draps.

Bloteau.
Malmouche.
Robert.

LOUÉ.

Rouennerie.

Dubois.

MONTFORT.

Draps et Nouveautés.

Bonhommet.
Launay.
Laurent.
Raussiliat.

PONTLLEUC.

Négociants.

Vetillard père.

SILLÉ-LE-GUILLAUME.

Draps.

Besmoust.
Bouley-Le-Lardeux.
Lelièvre.
Gauthier.

Arrondiss. de Laflèche.

LAFLÈCHE.

Draps et Toiles.

Condreuse-Langlois.
Lair-Naulet.
Lemonnier-Nezan.
Marloteau et Comtereau.

Nouveautés.

Blanchet.
Réon.

LELUDE.

Rouennerie, Draps et Nouveautés.

Testu et Gedon.
Coutard.
Martineau.

MYYET.

Draps, Bonneterie.

Blotière.
Simon-Boutterin.

NOYEN-SUR-SARTHE.

Mercerie.

Dubois J.-Bte.

Rouenneris et Nouveautés.

Blanche.
Denos (veuve).
Gauthier fils.

SABLÉ.

Draps.

Maçais-Panchevre.
Heslot-Duverger.
Pommerais (veuve).

Négociants en Rouennerie.

Brillet.
Chesneau.
Delaunay.
Deslandes.
Fourmond.
Goupié.
Michel fils.

Nouveautés.

Corbin.
Auger (Mme).
Froger (Mme).
Jouanne (Mme).
Sevenat.
Chanteloup.
Germain.

Arrondiss. de Mamers.

MAMERS.

Draps.

Blanchard.
Gremillon.
Mercent.
Lagneau (Mlle).

Mercerie.

Juffey.
Maillard-Angot.
Margot.
Michel-Abot.

Nouveautés et modes.

Barré.
Tison.

Rouennerie.

Boucicault.
Coconnier.
Dubois frères et sœurs.
Poupry.

BEAUMONT.
Draps et Rouennerie.
Caigne.
Cureau-Gautier.
Hevré (veuve).
Lemaître-Courtois.
Sergent.

BONNETABLE.
Draps et Rouennerie.
Beau frères.
Bruneau.
Chable.
Fromentiu.
Garreau.
Guiles.
Draperie, rouennerie et nouveautés.
Aubry.
Legné-Voisin.
Varechon.

FERTÉ-BERNARD.
Draps et Nouveautés.
Bodier.
Hameau.
Robert.
Bouillon (Mlle).
Gantier (xeuve).
Perchaux.
Merciers.
Richard-Martin.
Bergeot.
Colet.
Halegrin.
Toiles.
Godivier et Dean.

FRESNAY-SUR-SARTHE.
Draps.
Berger-Chaudron.
Bletteau.
Geslin.

MAROLLES.
Draps.
Coconnier.
Hardouin.
Leroux.

TUFFÉ.
Draps et Toiles.
Matras.
Papillon.
Peré.

Arrondiss. de Saint-Calais.
SAINT-CALAIS.
Draps et nouveautés.
Héron (Mlle).
Joran.
Lucas-Vaslin.
Mercier-Brizard.
Levillain.
Mercerie.
Bessirard.
Tabareau.
Sorin fils.
Négociants.
Beauchamps Louis.
Toiles.
Common.

BESSÉ-SUR-BRAYE.
Draps.
Aubert.
Bernard.
Poilvillain.

CHAHAIGNES.
Draps.
Peltier-Duchène.

CHARTRE.
Draps.
Boureau.
Lecomte.

CHATEAU-DU-LOIR.
Draps et nouveautés.
Boullard.
Delarue.
Leveillé.
Levillain.
Salomon.
Mercerie en gros.
Baudry jeune
Méchin-Baudrier.
Toiles.
Martin et Réfrégé.
Salze frères.

LUCE-LE-GRAND.
Draps et Toiles.
Fouquet (Mlle).
Boutier.
Guicheux.
Mercier.
Verdier.
Toiles.
Joubert F.
Legue.

VIBRAYE.
Draps et Rouennerie.
Lessale.
Ranssillat.
Salles.
Mercerie.
Bessiard.

Département de SEINE-ET-MARNE.

Arrondissement de Melun.
MELUN.
Mercerie.
Charlot.
Fontaine-Dufrène.
Lenglier.
Poirier-Damour.
Nouveautés.
Argeant.
Bendell.
Coulon-Gachet.
Desforges.
Ducrocq-Joyeux.
Garnot H. et Ce.
Marseille.

Millet.

BRIE-COMTE-ROBERT.
Draps et Rouennerie.
Barbery.
Gourtin.
Debeine.
Lepers.
Mercerie.
Cottancé.
Mullot.
Pasqnier.
Pichot.
Piton.
Regnault.

CHAUMES.
Delanges.
Lamy.
Michelon.

MARMANT.
Draps, Toiles et Nouveautés.
Huot.
Lecoq.
Mathieu.
Maudin (veuve).

TOURNAN.
Draps et Nouveautés.
Bourgoin.
Courtin.
Fremon (Mlle).

Arrondiss. de Coulommiers.
COULOMMIERS.
Draps.
Bernard.
Bridault.
Moberge.
Toiles.
Biberon-Mirat,
Mercerie.
Tulard-Pépin.
Nouveautés.
Morel.
Boyer.

FERTÉ-GAUCHER.
Draps et Rouennerie.
Caudron.
Poupart.
Blasque.
Poupart-Lamotte.
Protat.
Siot.

ROZOY-EN-BRIE.
Draps.
Champion.
Jolly.
Roubeau (veuve).

VILLENEUVE-SUR-BELLOT
Rouennerie.
Brodard.
Savard.
Villocq (Mlle).

Arrondiss. de Fontainebleau.
FONTAINEBLEAU.
Rouennerie et Nouveautés
Douzelle.
Piou-Borthier.
Robert.
Serrier aîné.
Vandendriesche.

MONTEREAU.
Bonneterie.
Gabriel.
Dutoit (veuve).
Tourte (veuve).
Draps et Rouennerie.
Bourgoin.
Eraigneau-Caillasse.
Grisvois-Besnard.
Parez-Delcuze.
Pierrotet.
Mercerie.
Chomet (Mlle).
Renault (Mlle).
Volta.

NEMOURS.
Draps et Nouveautés.
Chouvin-Leroy.
Delande-Dumesnil.
Derichebourg.
Mainferme.
Montault frère.
Porcabœuf.
Nouveautés.
Flournier.

Arrondissement de Meaux.
MEAUX.
Bonneterie.
Guérin.
Laborde.
Maciet.
Draps et Nouveautés.
Delorme.
Desportes.
Dumont.
Gardin.
Minoufflet.
Noël (Casimir).
Tentard.
Mercerie.
Bouton-Maillard.
Decan.
Labbé (veuve).
Deciry.
Duvaudiet.
Négociants.
Bruneau.
Perrault.
Marchands-Tailleurs.
Angot
Messant.
Nening.
Pillon.
Thibault.

CLAYE.
Draps et Toiles.
Gautrot.
Savart.
Viellet.

CRÉCY-SUR-MORIN.
Draps.
Buchvadter (veuve).
Mongrolle.
Morel.
Vaudescal.

CROUY-SUR-OURCQ.
Draps.
Lecomte jeune.

DAMMARTIN.
Mercerie, Draperie et Rouennerie.
Brodrecht.
Hubin (Mlle).
Pillon.
Gely.
Nouveautés.
Roth.

FERTÉ-SOUS-JOUARRE.
Draps.
Chavin-Boyer.
Marchand.
Riveraud.
Nouveautés. Modes.
Ferand (veuve).
Molin (Mlle).
Morelle (Mlle).
Rouennrie en Gros.
Guérin.
Marchand.
Thierrcelin.

JOUARRE.
Draps.
Gnévin.
Parnot.
Vizard.

LAGNY.
Draps.
Auboin.
Champion.
Despeaux.
Prieur.
Soutif.
Nouveautés.
Gauthier.
Thiery (veuve).

LISY-SUR-DUCY.
Draps et Toiles.
Guérin.
Lambert (Mlle).
Salomon frères.
Sculfort (veuve).

Arrondissement de Provins.
PROVINS.
Draps.
Bertrand.
Hamel.
Lucquin.
Mannieux.
Parisot.
Prevost.
Mercerie.
Paillet.
Nouveautés.
Michel.
Prin.
Blaide.
Boyer.

BRAY-SUR-SEINE.
Draps.
Blanchet.
Dagris.
Legras.
Lepoivre.
Nasset.
Roblot.
Saraille.
Travet.
Mercerie.
Fasquelle.
Bonneterie.
Perrin.
Nouveautés.
Blanchet.

DONNEMARIE.
Draps.
Filliot.
Maréchal.
Moreau.
Noblet.

JOUY-LE-CHATEL.
Draps.
Lefebvre.
Picard-Bidot.

NANGIS.
Draps et Nouveautés.
Binet.
Fouquet.
Dumont.
Lantoine.
Leclerc.
Testard.
Toiles.
Chopinet.
Coinon.

Département de SEINE-ET-OISE.

Arrondissement de Versailles.
VERSAILLES.

Bonneterie.
Bonvoisin.
Bosquet.
Chambault-Cadiné.
Creuse (veuve).
Folie-Lemoine.
Fouquet-Sorel.
Gallin.
Gaudé-Feray.
Lecocq.
Moreau.
Perdu-Braisier.
Pottier (Mlle).
Poussard-Rouen.
Hébé.
Draps.
Bougleux.
Briet Paul.
Estève.
Lambinet.
Dardan.
Leroux.
Letellier.
Planson.
Poirot fils.
Saintin.
Mercerie et Nouveautés.
Béraud.
Buglet (Mlle).
Carey.
Cavrel-Noël.
Coudère Leroy.
Creuse père.
Folie-Lemoine.
Filliette Bunout.
Fouquet-Sorel.
Godefroy.
Lambert.
Landas-Duey.
Laudé-Lecoq (Julien).
Ledanvis.
Leduc-Picot.
Levillain (Mlle).
Merlu-Carthery.
Moreau.
Olivier.
Perdru-Braizier.
Perrier.
Picot.
Pothier.
Zimmermann (Mlle).
Briat.
Nouveautés.
Allouel Henry.
Anglemont (Mlle).
Brumann sœurs.
Desestre.

Fiamont.
Jubin (Mlle).
Oudard (Mlle).
Revut (Mlle)
Bachelet-Lonquety.
Barbieux-Auguste.
Billette-Riché.
Bougleux frères.
Breton.
Doublet Jouet.
Dufresne (Mlle).
Fauvel Louis.
Goguet.
Hervey-Poron.
Languille.
Lavenue aîné.
Lechaire-Girault.
Léon J.
Latellier.
Magnier-Lambinet.
Vantroys-Paulmier (veuve).
Saintin.

Toiles et Nouveautés.

Brazard-Perchard.
Buton.
Dallemague.
Dufresne.
Fauvel.
Goguet.
Lavergne.
Marcel.
Jaubert.
Richard.
Vilain.

ARGENTEUIL.

Mercerie.

Chevalier.
Cintrat.
Decourt (veuve).
Delorme.

Draps.

Bourcier.
Gosse.
Dedorière.
Lesieur.
Landrin.

BOUGIVAL.

Mercerie, Draperie, Rouennerie et nouveautés.

Motte.

CHATOU.

Draperie, Nouveautés et Mercerie.

Reine.
Couturier.
Chevallier (Des).

GIF.

Draperie.

Duval.

JOUY-EN-JOSAS.

Mercerie.

Guyon.

MAULE.

Draps.

Legrand.
Pinet.
Réaux.

Négociants.

Berson.
Desbores.
Lemaire.

MEULAN.

Draps et Nouveautés.

Hamonel.
Landrin.
Roussel.

PALAISEAU.

Mercerie.

Christen.
Nicaise.

RUIL.

Draps et Toiles.

Foignet.
Guegnot.
Leriche.
Ravier (Mlle).

Mercerie.

Perreat.

SAINT-CLOUD.

Nouveautés.

Bayeux-Soinoury.
Beausang.
Leroy.
Mouchotte.
Person.

SAINT-GERMAIN.

Bonneterie en gros et détail.

Clain.
Justean-Fornier.
Lebrun.
Marcel.

Mercerie.

Asseline.
Beaumont.
Bourgeois.
Briois.
Fuzié.

Groffe-Rona (Mme).
Guitel.
Lebrun (veuve).
Lepintre jeune.
Piguier.
Poulain aîné.

Toiles.

Petit.

Nouveautés.

Boivin.
Briois.
Carel.
Guitel.
Poulain aîné.
Larvet-Giret.
Gault.
Petit aîné.
Revillon.
Thiébault et Tortel.
Tiercelin.

SÈVRES.

Draperie, Rouennerie et Mercerie.

Delahaie.
Favre (Mlle).
Leblond.
Patonne.
Valade.

Nouveautés.

Delacour.
Geroit.
Valade.

VILLEPREUX.

Négociants.

Gibert.
Seguenot.

Arrondissement de Corbeil.

CORBEIL.

Draperie, Mercerie et Toiles.

Carcel.
Digue.
Loisel.
Masseau.
Maupetit.

Négociants.

Caille.
Courtray et Capin.
Loisel.
Pâté.
Tifloinet.

ARPAJON.

Draps et Toiles.

Brunswich.
Chanteroux.
Masseaux.
Dubois.

LONGJUMEAU.
Draps.
Boivin.
Dupré.
Paillet.
Nouveautés.
Simonnard.

MONTGERON.
Négociants.
Lombard.
Rondeau.

MONTLHÉRY.
Draps et Rouennerie.
Dubois.
Hardy.
Mansion.

VILLENEUVE-SAINT-GEORGES.
Mercerie et Nouveautés.
Cretté.
Venteclef.

Arrondissement d'Etampes.
ETAMPES.
Bonneterie.
Dujoncquoy.
Ruzé N.
Bonneau.
Charpentier.
Lesage-Delamarche.
Bordier.
Draps.
Baudoin.
Colin-Périer.
Dailier-Guillot.
Dupré.
Guérin-Geraist.
Moizard.
Jeune.
Pasquier-Beaufrère.
Sigot.
Négociants.
Bernard.
Didochon.
Bordier.
Bigot.
Gresland.
Guerraz.
Nouveautés.
Chigniet.
Moizard.
Pasquier.
Vaissier (Mlle).
Klika-Delafoi.
Gagneux.
Genod-Genod.
Rouennerie.
Beaudoin.
Bouché.
Dejean-Servant.
Dupré.
Guérin.

ANGERVILLE.
Bonneterie.
Guénée.
Quinton.
Draps.
Menault.
Robin.
Renard.

FERTÉ-ALEPS.
Bazin.
Bonard.
Ciré-Remi.
Ciré-Lecerf.
Michel-Mayeux.
Naché.

LARDY.
Rouennerie.
Dupont.
Michaux (F.).

MÉRÉVILLE.
Bonneterie.
Charpentier.
Draps et Rouennerie.
Langlois.

Arrondissement de Mantes.
MANTES.
Bonneterie, Mercerie et Modes.
Boudin (Mlle).
Giroux aîné.
Mulot.
Vazou (Mme).
Nouveautés.
Paradis.
Valle.
Draps et Toiles.
Cadion.
Fourneau frères.
Goret.
Mulot.
Poulain.
Mercerie.
Fromont frères.
Marchand.

BONNIÈRES.
Draps.
Lemoine.
Draps, Rouennerie.
Lasnier.
Pigeon.

DAMMARTIN.
Draperie et Rouennerie.
Lasnier.
Pigeon.

HOUDAN.
Draps et Nouveautés.
Groussy.
Lefebvre (veuve).
Garnot.
Leroy.
Drieux.
Pebra.

MAGNY.
Draps et Nouveautés.
Amaury.
Camus.
Foubert.
Leclerc fils.
Habdy.

VETHEUIL.

Draps et Nouveautés.
Arteil.
Aubry.
Vincent.

Arrondissement de Pontoise.
PONTOISE.
Bonneterie.
Gilles.
Lamy.
Lointier.
Draps.
Belomet.
Bricon.
Dubois.
Delacour.
Gilbert.
Jouan.
Moreau.
Modes et Nouveautés.
Buquet.
Dubois (Mme).
Hodeng.
Vaquerie.

BEAUMONT.
Draps.
Laporte.
Lemaire.
Berthier-Nérau.
Mercerie.
Feuqnerel.
Leroux.
Massard.

CONESSE.
Draps.
Dubuisson.
Duflot fils.
Mercerie.
Valle.

LOUVRES.
Draperies.
Pellion (Ve).
Perrier.

LUZARCHES.
Draps.
Gaillard.
Caillard-Petit.
Poutrel.

MARINES.
Draperie, Rouennerie et Nouveautés.
Foy.
Legros-Testard.
Vinot-Malet.
Mercerie, Bonneterie.
Charpentier.
Degouy.
Sarrazin.

MONTMORENCY.
Draperie et Nouveautés.
Fridel.
Lesage.
Goudin.

VIARMES.
Draperie, Rouennerie et nouveautés.
Hû (Amboise).

VILLIERS.
Mercerie.
Berger-Lanté.
Draps et Nouveautés.
Chaveton-Goujon.

Arrond. de Rambouillet.
RAMBOUILLET.
Draperie et Mercerie.
Tillot.
Drouhin (Mlle).
Beaufils.
Chéron.
Loury.

CHEVREUSE.
Draps.
Dourdier.
Dubois.
Prudhomme.

DOURDAN.
Bonneterie.
Bouvet.
Draperie. Bouennerie et Nouveautés.
Charleux.
Chevallier Victor.
Hathier.
Hermant.
Sevestre.

MONTFORT.
Bonneterie.
Bercher.
Doulé.
Gauthier.
Draps.
Bocquet.
Chartier (veuve).
Renoux.
Benoit.

NEAUPHLE-LE-CHATEAU.
Bonneterie.
Dejean.
Delaunay.
Rouennerie.
Beaudien.
Manifacier.
Nourry.
Vaillant.

Département de la SEINE-INFÉRIEURE.

Arrondissement de Rouen.
ROUEN.
Draps.
Auger, rue de la Savonnerie, 1.
Baudry aîné, rue de l'Epicerie, 25.
Bellest frères, r. St-Nicolas, 2.
Bonnissent fils et Mayeux, rue de la Grosse-Horloge, 113.
Bordeaux, rue Cauchoise, 47.
Boudin-Choisnard, rue du Bac, 73.
Chapelle-Landrin, rue de la Grosse-Horloge, 21.
Delafontaine [Auguste, rue des Vergetiers, 13.
Demarest Louis, r. de la Grosse-Horloge, 37.
Dorbec, rue de la Grosse-Horloge, 44.
Douville, rue du Change, 6.
Dumoutier fils, rue des Bons-Enfants, 39.
Duperrou, rue du Change, 1.
Haas, rue des Carmes, 28.
Gromas, rue de l'Epicerie, 5.
Heurtematte-Verger, rue de l'Epicerie, 1.
Lecœur J., rue des Carmes. 1.
Lefèvre, rue de la Grosse-Horloge, 114.
Legouy jeune et neveu, rue Thouret, 10.
Leroy, rue du Grand-Pont, 147.
Levillein et Petit, rue aux Ours, 27.
Magron, rue de l'Ecuyère, 26.
Mallet Piéton, rue de la Grosse-Horloge, 73.
Marjollin, rue St-Nicolas, 64.
Michaud, rue des Arpents, 96.
Nepveu, Grande-Rue, 51.

Perdrix neveux, rue de l'Epicerie, 15.
Petitseigneur et Convenant, rue de la Grosse-Horloge, 163.
Picard et Dubus; r. de la Grosse-Horloge, 155.
Prevost Daustrebert, rue des Carmes, 36.
Ratieuville, rue aux Ours, 40.
Roger-Lebreton, rue aux Ours, 17.
Roze-Boulon, rue des Juifs, 12.
Semel fils, rue de l'Epicerie, 57.
Turgis, rue Cauchoise, 51.
Tuvache Ve et Bernard, rue aux Ours, 26.
Varengue, place de la Cathédrale, 1.
Vignon, rue des Bons-Enfants, 30.

Modes et Nouveautés.

Agasse (Mlle), rue du Grand-Pont, 21.
Andère, rue St-Nicolas, 18.
Arson (Mlle), rue des Carmes, 27.
Asserelo, rue du Vicomté, 75.
Aubert, rue Beauvoisine, 38.
Audry, rue Beauvoisine, 21.
Bedinger, rue de l'Hôpital, 30.
Barbier, rue Ste-Croix, 63.
Bénard, r. de la Grosse-Horloge, 130.
Benet, rue Faulx, 18.
Berthelot, rue Charrettes, 12.
Bertin, r. de la Grosse-Horloge, 148.
Bertin fils, place St-Gervais, 77.
Bigault, rue Beauvoisine, 131.
Blessel (Mlle), rue Sénécaux, 13.
Blondel. rue Beffroy, 19.
Bretocq-Rouiller, rue St-Lô, 1.
Brionne, rue des Bonnetiers, 19.
Boutard et Bovet, rue aux Ours, 4.
Cardon, rue Martainville, 18.
Chagrot, rue de la République, 11.
Catillon, rue des Charrettes, 86.
Carpentier, rue Beauvoisine, 5.
Carteron, boul. Cauchoise, 36.
Cudorge, rue des Bons-Enfants, 55.
Daubert jeune, rue du Grand-Pont, 69 bis.
Decaux, Grande-Rue, 162.
Dilly, rue des Carmes, 97.
Doublet, rue de la Grosse-Horloge, 100.
Duboc, rue Beauvoisine, 4.
Dumont, Vieux-Marché, 30.
Dupont Noël, place de la Pucelle, 18.
Ebran, rue de la Grosse-Horloge, 73.
Fosset (Ve), rue de la Poterne, 28.
Duval, boul. Cauchoise, 39.
Duval, rue des Cannes, 60.
Frêne (Ve), rue Grand-Pont, 66.
Gautier (Ve), rue de la Haute-Vieille-Tour, 31.
Gondré, rue Boutard, 19.
Grouard (Mlles), rue Vicomté, 30.
Guéroult (Ve), rue des Bonnetiers, 25.
Guyont, rue Napoléon, 28.
Hais (Mlle), rue Renelle, 14.
Hamelle (Mme), r. Beauvoisine, 16.
Hareng, r. des Petits-Puits, 16.
Hebert, r. de la République, 11.
Legier, rue Beauvoisine, 42.
Ricœur, rue Beauvoisine, 43.
Heliot (Ve), rue des Juifs, 16.
Johlin, rue Martainville, 189.
Jourdain, Charrettes, 17.
Labarre (Ve), rue de la Grosse-Horloge, 2.
Lacave, rue aux Ours, 65.
Lancelevée, rue Boutard, 4.
Lebourgois, Grande-Rue, 35.
Lecomte (Mlle), r. Beauvoisine, 52.
Lefebvre. rue Lafayette, 35.
Lemercier (Mlle), pl. des Carmes, 37.
Legier, rue Beauvoisine, 42.
Lemoine, rue du Petit Puits, 9.
Leprêtre, rue Grand-Pont, 30.
Leroy, rue du Petit-Puits, 10.
Lumière, Grande-Rue, 30.
Mallet Henri, rue Grand-Pont, 64.
Mauduit (Ve), rue de la République, 35.
Mauger, rue de la Basse-Vieille-Tour, 18.
Michel, rue de la Poterne, 26.
Niel, rue de la République, 34.
Osmont, murs St-Ouen.
Paulmier, rue St-Jacques, 3.
Ratel, rue de la Ganterie, 97.
Roberge, rue de la Chaine, 3.
Roger, rue du Petit-Puits. 27.
Simar, rue St-Antoine, 13.
Tilloy, dem. Vicomté, 42.
Taurin, place de la République, 17.
Vallée (Mlle), place Rougemare, 39.
Vasseur, rue St-Sever, 97.
Zaman, r. de la République, 40.
Hutin (Mme).
Chalet.
Deru.
Choquet, rue Cauchoise, 7.

Rouennerie, Toilerie.

Abey, rue Beauvoisine, 131.
Acheray, rue des Tapissiers, 10.
Adam-Richard, rue St-Sever, 66.
Bailleul (Mlle), rue de la République, 11.
Benard (Mlle), rue Percière, 31.
Bertin, rue des Maillots, 13.
Bonissent fils et Mayeux, rue de la Grosse-Horloge. 115.
Carré-Hure, rue du Bac, 4.
Cécile Drouais, rue de l'Epicerie, 19.
Cendret-Gautier, rue Cauchoise, 33.
Cleret (Mme), rue Beauvoisine, 185.
Crevel, Vieux-Marché, 6.
David (Ve), rue d'Elbeuf, 52.
Delahaie, rue Cauchoise, 86.
Delaunay, r. des Tapissiers, 16.
Dubois, rue Eau de Robec, 97.
Dubus-Bertin, r. pe la Raquette, 2.
Drujeon, rue des Arpents. 113.
Dufeu-Duval et Quesney, rue de l'Epicerie, 14.
Evrard (Mlle), rue de l'Epicerie, 15.
Fortin, r. de la Grosse-Horloge, 43.
Fournier, rue des Tapissiers, 8.
Guillot-Desmoulins, rue de la Grosse-Horloge, 56.
Happey, rue Basse-Tour, 25.
Hérichon, rue du Change, 15.
Horlaville-Bouquet, r. Malpalu, 60.
Hurare-Gy, rue Basse-Vieille-Tour, 29.
Julienne (Mme), r. Grand-Pont, 71.
Landrin, rue du Bac, 8.
Lefebvre, rue des Carmélites, 19.
Lavinay, rue Ruissel, 1.
Legendre (Ve). rue de l'Epicerie, 6.
Legrip-Duval (Ve), rue de l'Epicerie, 30.
Lemoine, rue de la Grosse-Bouteille, 5.
Lepage (Ve), rue de la Grande-Horloge, 1.
Lieubray, rue de la Grosse-Horloge, 110.
Lozey, rue St-Sever, 113.
Lucas-Bonvallet, r. Basse-Vieille-Tour, 26.
Maheu, rue Eau de Robec, 183.
Maillard Auguste, rue de l'Horloge, 79.
Marécal (Ve), rue Basse-Vieille-Tour, 11.
Martin, rue des Arpents, 29.
Menard, Petite-Chaussée, 35.
Mironton, rue Beauvoisine, 160.

Morin-David, rue Basse-Vieille-Tour.
Neuville, rue de la Grosse-Horloge, 39.
Nibelle, rue du Bac, 62.
Perdrix, rue de l'Epicerie, 36.
Rivière (Mlle), rve Cauchoise, 11.
Rovssel, rue de l'Epicerie, 7.
Têtu-Gromas, rue de la Grosse-Horloge, 131.
Varengue, place de la Cathédrale, 1.

Toiles, Coutils.

Arson (Mlle), rue des Carmes, 27.
Bance, rue du Bac, 37.
Bazin, rue du Change, 4.
Beaufils frères, Grande-Rue, 58.

Toiles

Berthelot-Roberge, rue Beauvoisine, 31.
Blondel. rue Beauvoisine, 23.
Bonnissent fils, r. de la Grosse-Horloge, 113.
Boulan, rue Cauchoise, 22.
Castel jeune, Grande-Rue, 126.
Chevalier, place de la Calendre, 42.
Colas Victor, rue Malpalu, 105.
Delamarre, rue anx Onrs, 70.
Delame-Dupsnt, r. des Carmes, 50.
Delaunay Silv., rue des Tapissiers, 16.
Desévre, rue aux Ours, 45.
Duclois, rue du Bac, 5.
Dufay jeune, rue aux Ours, 21.
Dupont, place de la Pucelle, 18.
Durand-Fresne (Ve), rue du Change, 10.
Evrard (Mlle), rue de l'Epicerie, 3.
Fournier, rue des Tapissiers, 8.
Frêne (Ve), rue Grand-Pont, 66.
Garbille, rue Cauchoise, 56.
Hans, rue Grand-Pont, 105.
Hébert, rue pes Augustins, 23.
Hébert-Héron, rue du Change, 12.
Héliot (Mlle), rue de la Ganterie, 55.
Legrand et Racine, rue du Change, 5.
Lerebourg, rue aux Ours, 40 *bis*,
Lesage, rue du Bac, 24.
Letillier-Devaux, r. de la Grosse-Horloge, 14.
Lucas (Mlle), rue Cauchoise, 18.
Morin, rue Martainville, 174.
Pilet, rue de la Grosse-Horloge, 17.
Pimbert et Anquetin, r. Thouret, 18.
Quesney, rue de la Grosse-Horloge, 22.
Têtu-Gromas, Grande-Rue, 131.

Nouveautés.

Maria (Mlle).
Villier.

BARANTIN.

Draps.

Lecaffé.
Lemarchand.
Leborgne.

BUCHY.

Draps.

Loursel.

CAUDEBECQ-LES-ELBEUF.

Pelletier.
Samson.
Tabouel.
Viard.

CLÈRES.

Mercerie.

Duforestel.

DUCLAIR.

Draps.

Boullard.
Delaunay père.
Hamelet.
Vatier.

SOTTEVILLE-LES-ROUEN.

Négociants.

Martin.

Toiles.

Aunest.
Rivette.

ELBEUF.

Aublé.
Bachelet frères.
Banbe.
Baudouin et Mouchel.
Brigot.
Carré.
Cavé-Berric.
Collas.
Decaux.
Delaunay.
Drouin.
Lanne.
Maucler.
Yvon.
Suzanne Liot.
Cordier.
Chemin.
Parmentier.

Arrondissement de Dieppe.

DIEPPE.

Bonneterie.

Boiseervoise frères.
Lejeune.
Tabouret.

Draps.

Consoult.
Delatour-Hellot.
Duvivier.
Flonest.
Fréchon frères.
Leroux.

Nouveautés.

Michel-Ange.
Marchais et Roumeau.
Puech (Casimir).
Rousseau.

Toiles.

Nicolle-Bellengreville.
Normanddérant.
Tillard.

EU.

Draps.

Caron-Legrand.
Lebœuf.
Sabot.
Vavernier fils.
Verret-Desallais.

Nouveautés.

Cayeux.
Tavernier (veuve).
Varin.

Arrondissement du Havre.

LE HAVRE.

Bonneterie.

Courtois.
Crespin.
Duros.
Gohier.
Hérichy.
Leroy et Seurs.
Desfaux et Ce.
Dormoy (Ch.).
Maillard.
Milon.
Pouchet-Drancourt.
Poupart.
Projean.
Rivet.
Vertillac et Ce.
Thomas.
Tingaud.
Trajon.

Modes et Nouveautés.

Angot.
Boulard et Ce.

Bonrbaud (Mme).
Daussy.
Définance-Boignet (Mme).
Bottentuit (Mlle).
Thibout.
Brocas-Gamblin.
Buhan.
Debray (Mlles).
Dumont.
Girard (Mme).
Joséphine et Braffin (Mmes).
Lemelle.
Legrand (Mlles).
Mahier et Maclaurin.
Pain (Mme).
Picamelot (Mme).
Rocfort.
Sauton.
Senlis.
Simon (Alex.).
Simonne (Mme).
Talmin et Debrey.
Thorel.

BOLBEC.
Mercerie.
Chaussée.
Decaux.
Grodreuil.
Longer.
Solot.
Modes et Nouveautés.
Alleaume.
Guebert (Mlle).
Lhonoré.
Ménard-Commonville.
Vétier.
Négociants.
Gaillard (E.).

FÉCAMP.
Mercerie.
Hermel (Mlle).
Maze jeune.
Papon.
Draps et Nouveautés.
Delafosse.
Allard.
Flamant.
Lanchon.
Maze aîné.
Alauma.

GODERVILLE.
Draps.
Catelain (veuve).
Cléron.
Lamisse.
Lebigre.
Simon.

GRAVILLE.
Négociants.
Amy.
Leprevost.
Quesnel.
Vidal.

INGOUVILLE.
Rouennerie.
Décombre-Laurier.
Rousselin.
Sorel.
Bonneterie.
Fosse (veuve).
Tardif.

LILLEBONNE.
Modes et Nouveautés.
Fichet (Mlles).
Fidelin (veuve).
Kiburtz.
Draps.
Bénard.
Levasseur.

MONTIVILLIERS.
Nouveautés.
Blondel.
Dutot.
Villette.

SAINT-ROMAIN.
Draps.
Bellet.
Lesueur.
Modes et Nouneautés.
Bouju (Mme).
Mahaut-Guerrand.
Tattar sœurs.

Arrondissement de Neuchatel.
NEUCHATEL.
Bonneterie.
Ledoux.
Dupont.
Adam.
Draps.
Chabrolle.
Delcuse.
Delgove-Delaplace.
Duvivier.
Toiles.
Deliencourt.
Delienconrt-Deleau.
Mallard-Beldame.

AUMALE.
Draps et Nouveautés.
Duneuf Germain.
Grouard.
Levaillant.
Letellier.
Ivart.
Nouveautés.
Berry.
Crevel Deponthieu.
Bourgeois frères.
Leblanc.

BLANGY.
Draps.
Beaufils-Coussin.
Guerard.
Hébert-Duval.
Lamel (A.).

FORGES-LES-EAUX.
Draps et Nouveautés.
Boilet.
Guignan.
Hurpy.

FOUCARMONT.
Draps.
Asselin.
Lefebvre.

GOURNAY.
Bonneterie.
Chabot-Debas.
Lambert.
Draps et Nouveautés.
Laisné.
Maueomble.
Legrand fils.
Thierrée.
Vaté.

SAINT-SAENS.
Draps.
Amouret.
Avenel.
Deffontaine.
Dumont.

Mercerie.
B'got (veuve).
Binet (veuve).
Terrier.

Arrondissement d'Yvetot.
YVETOT.
Draps.
Chemin.
Leborgne.
Guérin-Jourel.
Mercerie.
Chéron-Colombel.

Chéron-Pascal.
Delamotte.
Leborgne.
Nouveautés.
Lampsin.
Lehucher.
Leborgne (Mlle).
Lemire.
Lebas,
Toiles.
Beus.
Dubosq.

CANY.
Draps.
Leroux (A.).
Prevost (Pompée).
Delamotte.
Teinturier.
Mercerie et Nouveautés.
Berthier.
Duteurtre.
Maserier.
Toiles.
Leblé aîné.
Pisant.
Ridel.
Plohais.

CAUDEBEC.
Mercerie.
Colombat.
Dufay.
Nouveautés.
Philippe.

DOUDEVILLE.
Draps et Nouveautés.
Delanos Eugène.
Halu.
Leboucher frères et sœurs.
Lefebvre.
Remoussin.
Remoussin-Boussé.
Mercerie.
Bigant.
Lavoipierre (Mlle).
Négociants.
Collet-Remoussin.
Toiles.
Halu.
Lemercier.
Raimbourg.

FAUVILLE.
Draps.
Dubosc-Vauquelin.

FONTAINE-LE-DUN.
Draps.
Ridel (M.).

SAINT-LAURENT.
Draps.
Follanfan.
Ledoux.

SAINT-VALERY-EN-CAUX.
Draps.
Angot T.
Anguetille.
Duval (Mlle).
Melin Charles.
Parentot.
Mercerie et Nouveautés.
Alleaume.
Chamerlin.
Gédon.
Langlois.
Maupas.
Painparé.
Parentot.
Négociants.
Dègenetais.
Follin Arthur.
Lavoine A.

VALMONT.
Draps.
Beaufils.
Ferry.
Ruette.

YERVILLE.
Draps.
Burette.
Chavialle.
Legrand.
Masson (Mlle).
Toiles.
Moulin.

Département des DEUX-SÈVRES.

Arrondissement de Niort.

NIORT.
Draps.
Naudin.
Neymarck.
Mercerie.
Barelle Auguste.
Barelle Louis.
Bernard Guionnet.
Galade.
Geffré.
Martineau.
Maynier Alphonse.
Michel.
Nouveautés.
Borreau.
Cardinal.
Delapierre.
Combet.
Percheron et Lefebvre.
Michau.
Gardet.
Rouennerie.
Brun-Puyrajoux.
Hermitte frères.
Lacombe-Hocard.
Maury-Mauduit.

Meniel-Pinoteau.
Mesniel frères.
Moreau et Michaud.
Petit, Yzambert et Cᵉ.
Riom-Bucquet.
Riom-Chebrou.
Soullard et Tessier.

Toiles.

Lavolley-Maye.
Mathé fils aîné.
Meiniel (Mlle).

MAUZE.

Draps.

Pilot-Bernard.
Guinebert.
Barbateau-Pilot.

SAINT-MAIXENT.

Draps et Nouveautés.

Beauwers fils aîné.
Beauzier.
Vivien Bezard.

Mercerie.

Carsin.
Briaut.
Bureau.
Corbin-Pelisson.
Faucon-Buquet.

Négociants.

Moreau aîné.

Nouveautés, Tailleurs.

Benoit.

Arrondissement de Bressuire.

BRESSUIRE.

Draps.

Bodet.
Boiry.
Gaufreteau.
Vigouroux frères.
Hême.
Rouselière.

Mercerie et Rouennerie.

Barillet.
Bouchet.
Bily.
Guignard.

THOUARS.

Draps.

Caffin.
Lunet.
Tourayne-Bineau.

Modes et Nouveautés.

Angibaud.
Lefevre.
Millault (Mlle).
Pollier.

Toiles et Etoffes.

Budy.
Lunet (veuve).

Arrondissement de Melle.

MELLE.

Draps.

Boutet fils aîné.
Chauveau (Mlle).

Rouennerie.

Boutet.

Toiles.

Tirant fils.

CHEF-BOUTONNE.

Draps.

Mignoux.
Naud.
Rigaud.

CHIZE.

Rambault L.

LEZAY.

Draps et Toiles.

Chasseray.
Mandé-David.
Sudour.
Uzuret.

SAUZÉ-VAUSSAIS.

Négociants.

Augé.
Battard.
Berland.
Chevalier.
Richard.

Arrondissement de Parthenay.

PARTHENAY.

Draps.

Bonnet-Barré.
Bisson-Genay.
Roy.

Département de la SOMME.

AMIENS.

Draperie et Rouennerie.

Aclocque-Ferré.
Bulan (Ch. et Auguste).
Burgeat-Cheveaux.
Carré-Fanchon.
Coulon-Barbier.
Cour-Barbier.
Darras.
Douillet-Catelle.
Herbet-Mouret.
Herbet-Briez et Ch.
Famechon.
Morel-Delignières.
Lamarré (veuve).
Laffoy et comp.
Pointin (veuve).
Poiré-Allou (veuve).
Vagnier.
Fiquet et Percheval.

Mercerie en gros.

Bertin-Desmarquet.
Bonhomme-Richepin.
Boudin (Mme).

Courcol-Lesage.
Delamarre.
Dompierre-Leduc.
Douillez-Godard Jules.
Drevelle-Gaujot.
Guèdé-Leclercq.
Hourdel-Lavillette.
Jacques Frassy.
Jerôme Vassè.
Joly-Joly et comp.
Lefebvre-Rouillard.
Retcll.
Tiboulet (veuve).
Dubois.
Morel.
Monnard-Delahaye.
Maire.

Mercerie en détail.

Barbier.
Boulanger.
Boyeldieu (Mlle).
Brabant.
Caït (veuve).
Caron.
Debarry.
Dollain (veuve).
Lefcuvre-Dailly.
Maillot.
Marque (Mlle).
Marquis.
Drincourt-Vasseur.
Duchaussoy.
Frassy.
Martin-Delignièie.
Pinchemel (Mlle).

Nouveautés.

Aclocqne-Daveluy.
Caussin-Dehaye.
Chasnet (veuve) et Fauvel.
Dassier.
Heurtaux-Corblet.
Labalestier.
Morel-Bazin.
Parmentier-Dominois.
Rivillon-Barbier.
Dieuze (Mme).
Imbert.
Carré.

Tailleurs.

Boulenger.
Bourgeois-Poiré.
Delacour fils.
Delplace.
Dubuisson.
Durant.
Frantzen.
Hazard et Comp.
Hatté.
Kauffmann.
Laurent.
Lelièvre.
Lenoir.
Mercier.
Renard.
Simon-Cornique.

AIRAINES.

Delassus.
Boignard-Leseureux.
Couvé.
Hétru.
Machy-Havet.

POIX.

Draps et Toiles.

Decrept.
Deboffle.
Ferandier.

Mercerie et Bonneterie.

Lecomte.

VILLERS-BRETONNEUX.

Mercerie et Nouveautés.

Bidard-Hareux.
Ducroquet Amédée.
Goudard père.
Pitais-Bail.

Arrondissement d'Abbeville.

ABBEVILLE.

Bonneterie.

Bailleul-Noizeux.
Feugueur-Beaufils.
Gaffé-Lefebvre.
Gest (veuve).
Gomard-Get.
Pommier.
Sinoquet-Tabouret Edouard.

Draps.

Boinet G.
Cendré frères.
Douillet.
Hernas-Brémard.
Hersent-Vasseur.
Hubert.

Mercerie.

Barré-Dimpre.
Brailly-Dufestil.
Cailleux (Mlle).
Grimet-Breton.
Dubos-Bellegueulle (Mlle).
Dubus-Sanzel.
Graire (A.).
Mory-Fovel.
Elluin-Brémont.
Josse-Deglicourt.
Méressart-Gravois.
Riquier-Bremart.

Rouennerie.

Dehuppy-Neuville.
Engerand (Es).
Hernas-Bremard

Toiles.

Brailly-Barré.
Bertin-Raingo.
Bouillard.
Briquet-Chivot.
Dufossé.
Poultier (veuve) aîné.
Toullet.

Tailleurs.

Alexandre aîné.
Boinet.

AULT.

Rouennerie.

Bellepeaume-Cancvelle.
Dauphin.
Debeaurin.
Flesselle.

CRECY.

Draps.

Duflos.
Sombret.

LE CROTOY.

Négociants.

Desgardin.

FEUQUIÈRES.

Rouennerie.

Lyon.

GAMACHES.

Draperie et Rouennerie.

Leraillé.
Paris-Cauvet.
Poultier-Lottin.
Seraison.

Nouveautés.

Lesueur.

HAUTVILLERS.

Draps.

Papin.

LONGPRÉ-LES-CORPS-SAINTS.

Toiles.

Ducloy.
Renouard (Florentin).

NOUVION-EN-PONTHIEU.

Rouennerie.

Coulon.
Hovette.
Friou.

SAINT-VALÉRY-SUR-SOMME.

Mercerie.

Bainchon-Danzel.

Duchossoy (veuve).

Modes ee Nouveautés.

Cauchois (Mlle).
Maclart (Mlle).
Vuegamin (veuve).

Négociants.

Boulanger Louis.
Crossel.
Duflos-Nicolle.
Martin.
Ridoux-Dailly.
Ridoux-Fournier.
Schytte-Gamain.
Vasseur (Sylvain).

Rouennerie.

Boyard (veuve).
Marchand (veuve).

Arrondissement de Doullens.

DOULLENS.

Draps

Devisme.
Briquet.
Helluin.
Herem.
Macron.
Paillat-Vendenhaut.
Parmentier.
Trouvé.

Négociants.

Housiaux.
Wast-Fanchon.

BERNAVILLE.

Draps.

Pauchet.

DOMART.

Draperie, Rouennerie et Nouveautés.

Bouly-Pacque.
Helluin.
Macquet.

Toiles.

Ancelin.
Ancelin (P.).
Dellier-Saint-Aubin.

Arrondissement de Montdidier.

MONTDIDIER.

Draps, Toiles et Nouveautés.

Bouchinet.
Boulit-Canivelle.
Deguéheguy-Hénique.
Hardonin-Hénique.
Hénique.
Perin.
Petit.

Modes et Nouveautés.

Devillier-Frezon.
Deparvilliers.
Lainé-Cossard.
Leroux.
Peret (Mlle).
Wattel (Mlle).

Toiles.

Boulet-Cavenelle.
Hardouin-Mourisse.
Hourdequin.
Petit-Famechon.

MOREUIL.

Bonneterie-

Gru-Chivot.
Petit-Navarre.
Varnier (veuve).
Wuattelin-Petit.

Rouennerie.

Camus-Grenot.
Elin-Ballin.
Leroy (Auguste.
Lointier.
Payart.
Camus.

ROSIÈRES-EN-SANTERRE.

Négociants.

Boulenger père et fils.
Blanquet-Bauvry.
Blanquet (Edouard).
Duflot-Paquet.
Bouvry frères.
Lefévre-Leleu.
Lefèvre-Warcossin.
Trempin-Boulongne.

ROLLOT.

Draps et toiles.

D'hallu.
Trouvain.

ROYE.

Draps et Toiles.

Delle.
Derreulx-Douvillé.
Deberly.
Beauvais.
Royenval.
Montreil.
Douvillé.
Moy.

Arrondiss. de Péronne.

PERONNE.

Bonneterie.

Sellier.
Sevestre.
Vieville.
Viltard.

Mercerie.

Louvet.
Denis (veuve).

Nouveautés.

Boitel.
Cavel.
Duval.
Lemercier.
Robert.
Cognard.
Boulanger.
Clairy.
Dabot.
Waxin.

HAM.

Draperie, Rouennerie et Nouveautés.

Bosson.
Clément-Gourdin fils.
Macaigne.
Savioz,

Mercerie.

Bouchy-Darnay.
Caudron.
Dobreuil.
Magnin (veuve).

MONCHY-LAGACHE.

Draps.

Brochard.

NESLE.

Draperie.

Duhamel.
Richard (Henry).

ROISEL.

Bonneterie.

Flamant.
Ricaux.

Nouveautés.

Barré.

Département du TARN.

Arrondissement d'Alby.

ALBY.

Draps.

ellet.
esset fils.
ourjade et Cᵉ.
ibiel fils cadet et Cᵉ.
lergue.
chanson frères et Cᵉ.
chier.
athieu.
euille.
oussille.
idal.
iguier.

Nouveautés.

ival.
andré.

Mercerie.

iron.
uyraud.
roy.

RÉALMONT.

Draps.

rtigues.
availlès.
ustry.
arayon.

VILLEFRANCHE.

Mercerie.

acroux.

Arrondissement de Castres.

CASTRES.

Draps.

adalen.
ammas.
alabert Fortuné et Cᵉ.
eris frères.
Osmin-Thilhade.
Poutard jeune.

Mercerie.

Caussé.
Rome aîné.

Négociants.

Desplats.

Toiles.

Austri (veuve) et fils.
Bernardou Léon.
Bernardou Auguste.
Gary B.

ANGLÈS.

Négociants.

Amalric Paul.

LABRUGUIÈRE.

Négociants.

Fabre.
Pagès.

Draps.

Alquièr aîné.
Bosviel aîné.
Prades.
Rives-Gentil jeune.
Vidal-Pradès.
Vidal.
Lucadieu-Casimir

MONTREDON.

Négociants.

Fareuc.
Larose.
Sebs.
Monsarrat.

ROQUECOURBE.

Draps.

David-Viala fils.

VIANE.

Négociants.

Valette.
Bonisset.

Arrondissement de Gaillac.

GAILLAC.

Draps.

Cabanel.
Carvalo.
Donnarel.
Saunal.
Saurou.
Vieules.

CORDES.

Draps et Toiles.

Costes.
Irissou.

Toiles.

Barthe.
Conte.
Boyer.

Arrondissement de Lavaur.

LAVAUR.

Draps.

Bonsirvin.
Ramond.

GRAULHET.

Draps.

Audieu.
Assulit et Lemozy.
Auriol.
Malet père.

Département de TARN-ET-GARONNE.

Arrondissement de Montauban.

MONTAUBAN.

Draps.

Boulons et Vergès.
Brun.
Garrisson Victor.
Garrisson oncle et neveu.
Lafargue-Lavigne et Ce.
Langlade-Lacaze et Ce.
Lasvènes, Magneville frères.
Mérignac-Delon, Boube et Ce.
Portal père et fils.
Saint-Faust et Descazals.
Abriol-Peirouty.
Ballat et Presseq.
Bergis.
Couderc.
Descazals-Delbrel et fils.
Pagès.

Mercerie.

Benech.
Biétrix (Ve).
Dumas (Ve).
Falga.
Lages.
Larramet.
Leclerc (Mlles).
Martin G.

Nouveautés.

Dehollain.
Devals.
Lafon.
Pinçon.
Roussille.

Toiles.

Champagne-Parrau.

CAUSSADE.

Lavergne.
-Rivière.

CAYLUS.

Draps.

Delort.
Boissières.
Pechdo.
Daudibertières.

Mercerie.

Bède.

MOLIÈRES.

Négociants.

Dayras.
Lamolinairie père et fils.

Arrondiss. de Castel-Sarrasin.

CASTEL-SARRASIN.

Bonneterie.

Beln.
Bourgougnan.
Magnes cadet.
Montaubert.

Draps.

Bergé.
Dombios cadet.
Monié.

Nouveautés.

Beffre.
Leclerc.
Laffitte.
Dombios.

BEAUMONT-DE-LOMANE.

Draps.

Gasquet.
Touéry.

GRISLOLES.

Draps.

Adam.
Gauthier.

SAINT-NICOLAS-DE-LA-GRAVE.

Draps.

Audibert.

Négociants.

Capdordy-Passaga jeune.
Maffre Armand.

VERDUN-SUR-GARONNE.

Négociants.

Cornac.

Arrondissement de Moissac.

MOISSAC.

Draps.

Chaubart A.
Chaubart.
Lamoselle.
Plantade frères.
Roudanès.

Nouveautés.

Allard fils.

LAMAGISTERE.

Négociants.

Bourgeat.
Bordes.
Jambert J.
Oliac et fils.
Servières J.

LAUZERTE.

Draps.

Vissière aîné.
Lacoste.

MONTAIGU.

Négociants.

Bouysson.
Couty.
Delmas.
Lafont.

VALENCE-D'AGEN.

Draps et Toiles.

Barran.
Campredon aîné.
Couzy.
Ducros.
Dupuis Pierre.
Ferrière.
Lerou.

Département du VAR.

Arrondiss. de Draguignan.

DRAGUIGNAN.

Draps.

Blancard fils et Cᵉ.
Giraud.
Laure et Cᵉ.

Nouveautés.

Serralier.
Guès.
Turcan.

Tailleurs.

Cauvin.
Frichède.
Garein.
Boucharlat.
Hauteville.
Lions.
Troin.

AUPS.

Draps.

Allary.
Pellotier.

Toiles.

Carbonnel (veuve).

CALLAS.

Draps et Toiles.

Augier.
Escale.
Niras.

LE LUC.

Garnier.
Jauffret.
Liantaud.
Pastour.
Robert.
Payan fils.
Raibaud.
Rousset (Justin).

SAINT-RAPHAEL.

Négociants.

Courdon.
Jourdan.
Porre (J).

SAINT-TROPEZ.

Draps.

Couoz aîné.
Couoz (A).
Laugier.
Roland (veuve).

SALERNES.

Négociants.

Pierre.

Arrondiss. de Brignoles.

BRIGNOLES.

Draps.

Brémond.
Lebrun père et fils.

Draperie et Rouennerie.

Constant.
Julien.
Lion.
Rimbaud.

Rouennerie.

Andrès.
Grognard.
Lebrun frères.
Roman.

BARJOLS.

Négociants.

Amic.

TOURVES.

Négociants.

Marchands d'étoffes.

Garrel.
Rustonin.

Arrondiss. de Grasse.

GRASSE.

Draps, Rouennerie et Toiles.

Ardisson cadet.
Camatte (Bertraud).
Decormois Etienne.
Giraud (Jean).
Layet.

Marchands d'Etoffes.

Bonna-Lachaud (veuve).
Cresp-Flory.
Movan (veuve).
Muraire fils.
Pons.
Puverel.
Roure-Bertrand.
Roure fils.
Serraire.
Tombarel.
Roure.

Nouveautés.

Plumet.

ANTIBES.

Draps.

Faure.
Fouques.

LE BAR.

Négociants.

Agard.
Flory et Cᵉ.
Lyons.

CAGNES.

Draps, Rouennerie et Nouveautés.

Chasle.
Coulomb.
Nicolas.

CANNES.

Négociants.

Bonniaud.
Maillan fils aîné.
Trestour.

MONTFERRAT.

Négociants.

Bonis (François).
Desmares frères.
Portal.

Arrondiss. de Toulon.

TOULON.

Bonneterie.

Clérin.
Jeansollen.
Martin.

Draps et nouveautés.

Chambon.
David.
Degreaux.
Julien.
Martin-Liautand et Cᵉ.
Sanraire et Cᵉ.
Toye aîné.
Toye cadet.
Vitaly.

Mercerie.

Arnaud.
Audibert.
Bourges sœurs.
Bonhomme.
Cauvin et Cᵉ.
Ferrat.
Gousian.
Giraud et Beillon.
Grec.
Jeansollon.
Nivière aîné.
Mille frères.

Madon.
Ollivier.
Peissel.
Raphaël.
Venissat (Mlle).
Rouennerie et Nouveautés.
Alphonse Michel frères.
Andrieu.
Baudisson et C°.
Chauve.
Coutton.
Daniel et C°.
Duprat.
Feire.
Conteling.
Gantelme-Guigou et C°.
Guizier.
Laugier.
Laure frères.
Martin.
Oxilia.
Pierson (veuve).
Reboul (Félix).
Beboul (veuve).
Trabuc.
Veutre.
Viton.

Toiles.

Decugis et Monnoyer.
Sourd (Louis.)

BAUSSET.

Négociants.

Etienne (Edouard).

CADIÈRE.

Mercerie.

Brémon.

OLLIOULES.

Draps.

Courret (veuve).

Mercerie.

Pichaud.
Vidal (Mlle).

CUERS.

Etoffes.

Esmingaud.
Escudier.
Fille.
Gardon.
Revergetat.

HYÈRES.

Etoffes.

Coecoz.
Maurel.
Coulet.
Verlagne.

Département de VAUCLUSE.

Arrond. d'Avignon.

AVIGNON.

Draperie, Rouennerie, Nouveautés et Toiles.

Bonnard.
Clap.
Fage Xavier.
Joubert.
Laye Antoine.
Martin.
Mitre et Roux.
Payen.
Perrot et Dupoux.
Richaud.
Roure.
Roux.
Vissac.
Férréol.

Mercerie.

Barnel jeune.
Barnel-Charpentier et C°.
Bouyer.
Capeau A. et C°.
Chamoux.
Delmas.
Dibon jeune.
Malâtre frères.
Monnier.
Motet.
Bouède.
Tamissier.
Terzani.
Montannier.

Nouveautés.

Pascal.
Sables.

Rouennerie et Toilerie.

Bernard aîné.
Bernard cadet.
Brun.
Cremieu (veuve).
Alphandery et Lisbonne.

CAVAILLON.

Etoffes.

Arthenosy.

David-Carcassonne.
Jourdan.
Lisbonne.
Mériton.

Arrondissement d'Apt.

APT.

Draps.

Aubert.
Cassan.
Creste.
Farnet.
Gueydan.
Lamy.
Meyssard frères.
Rippert.
Rousset et Beynaud.

Nouveautés.

Benoit.

Toiles.

Argaud.
Carteux.
Crest.
Bouscarle.
Farnet.
Lerbros.
Lamy.
Perrin.

Mercerie.

Aron.
Creste.
Martin.
Picard.

CADENET.

Draps.

Dreyfux.
Dunès.
Tramier.

GORDES.

Négociants.

Bourgue.
Combe.
Cortassé.
Granier fils.
Granier-Florent.

PERTUIS.

Draps.

Arnaud.
Girard.

Rouennerie et Nouveautés.

Garcin Aug.
Grégoire.
Nicolas.
Olivier jeune.
Santon.

Arrondissement de Carpentras.

CARPENTRAS.

Draps et Toiles.

Allié.
David Lyon.
Digne frères.
Girard.
Gérin.
Lion et Ce.
Lion frères.
Lunel et fils.
Ricard.
Thibe (veuve).
Valabrègue.
Lucy.

Mercerie.

Blauvac.
Bonadona fils.
Couteleu.
Davier.
Faye.
Rebuffat.
Rovière.
Tavernier.

Négociant.

Davier.

PERNES.

Draps et Toiles.

Lunel Jacob et Ce.
Lyon et Ce.

SAULT.

Draps et Toiles.

Constantin.
Laborel.
Magnan.

Arrondissement d'Orange.

ORANGE.

Draps.

Magnan jeune.
Mossé.
Tranchier.
Valabrègues.

BOLLENE.

Négociants.

Charasse F.
Pellegrin J.
Pellegrin Alexandre.
Rand cadet.

MALAUCÈNE.

Draps et Toiles.

Bremont.
Eymard.
Gratan.
Martin.
Mouret.
Pouchon.
Michel (veuve).

Mercerie.

Légier.

Négociants.

Coste Louis.
Reboul.

VAISON.

Négociants.

Bonnet.
Clément,
Jacquet.
Maillet.
Sambuc.

VALRÉAS.

Draperie, Toilerie et Rouennerie.

Bucy.
Daurand.
Guibert.
Ricu Julés.
Roustan.
Varnaison.

Département de la VENDEE.

Arrond. de Napoléon-Vendée.
NAPOLÉON-VENDÉE.
Draps.
Bernier.
Corné aîné.
Cornuau et Carré.
Drochon frères.
Thebault-Launay et Bernier.
Mercerie.
Delarche.
Galard.

CHAVAGNES-EN-PAILLERS.
Négociants et Merciers.
Odureau fils.

MORTAGNE.
Nouveautés.
Brou.
Blumbert.

Arrond. de Fontenay-le-Comte.
FONTENAY-LE-COMTE.
Draps.
Charrier-Gauchy.
Gatignol.
Joubert.
Main Guillon.
Masson.
Richard.
Sarrault.
Mercerie.
Allix.
Blat.
Lucet.
Picart.

Nouveautés.
Guillon.
Pelisson-Guillon.
Genet.
Rouennerie et Nouveautés.
Boumier.
Christin.

CHATAIGNERAYE.
Draps.
Cahors.
Lespinet.
Mellet et Mallet.

LUÇON.
Draps et Toiles.
Chatelain fils.
Coutant.
Fraye.
Gaudin-Bertou.
Gobert.
Renaud.
Mercerie.
Lepeltier fils aîné.
Phelippon.
Rouchy-Fazilleau.
Réant.

POUZAUGES-LA-VILLE.
Mercerie.
Charbonneau.
Goineau (veuve).
Pequin (veuve).
Rimbaut.

SAINT-MICHEL-EN-L'HERM.
Draps.
Abadie fils.

Arrond. des Sables-d'Olonne.
LES-SABLES-D'OLONNE.
Draps et Nouveautés
Blanchet.
Liandier.
Moreau-Baudronnet.
Nouveautés.
Malherbe et Ce.

BOUIN.
Négociants.
Piraud.
Marsaud.

CHALLANS.
Mercerie.
Cavoleau.
Fauvel.
Poulain.
Etoffes.
Chaillou.
Thébaut.

NOIRMOUTIER.
Draps.
Billet.
Debruny.
Rousseau (veuve).
Semelin (veuve).

Département de la VIENNE.

Arrondissement de Poitiers.
POITIERS.
Bonneterie.
Bruère.
Duchiron (Mme).
Dumas (A.) et Ce.
Sexé.
Draperie.
Bersat aîné.
Branthome.
Jean-Pierre.
Chabrier.
Gacongnolle-Boutet.
Mercerie.
Broussard-Bertin.

Dumas.
Gallet-Robert.
Guy P.
Nivelle fils.
Négociants.
Allain.
Nouveautés.
Bertin frères.
Bulliat.
Buthaud-Delagrave.
Charpentier frères.
Chateau jeune.
Gaborit.
Grault et Babin.
Grandeoin-Boursier.
Grimaud.
Grimand et Charpentier.
Jolly.
Pairault-Doussaint.
Robin A.
Thouvenin (Lacroix).
Jourde (Mlle).
Lebrun.
Pignelon.
Rouennerie.
Berland-Cazeau.
Berland fils.
Bertin frères et Ce.
Bouleau Gazeau.
Dastrey.
Robain jeune.
Toiles.
Dastre..
Demoussy-Meiniel.
Noir fils.

MIREBEAU.
Mercerie.
Monceau.
Nouveautés.
Chevalier-Dion.
Gerbiers.
Mahaudeau.

NEUVILLE.
Draps.
Fournier.
Vazelle frères.
Toiles.
Cathineau.
Roblin frères.

SAINT-JULIEN-L'ARS.
Toiles.
Duhout.

Gadioux.

VIVONNE.
Mercerie.
Barbier (Mlle).
Couvertier (veuve).
Laroche (veuve).
Rivault.

Arrondissem. de Châtellerault.
CHATELLERAULT.
Bonneterie.
Ameuiel fils.
Baillergeau et Têté.
Boutin J.
Debast H.
Imbert-Champigny.
Draps et Rouennerie.
Biou fils.
Barreau-Guérineau.
Branthomme jeune.
Duveau-Deniau.
Fortin.
Grelaud.
Landry frères.
Morault-Drouault.
Touzalin.
Vazel-Meunier.
Viaux-Govin.
Modes et Nouveautés.
Allix.
Charbonneau.
Chaigneau.
Dausac sœurs.
Debest.
Giboreau (Me).
Minaud (Me).
Touzallin.
Blanc, Nouveautés.
Jousset.
Négociants.
Annaudaud, Brun et Co.
Marchands Tailleurs.
Belamour.
Joyaux.
Marcadior dit Charbonneau.
Moreau-Landry.
Ursin.

Arrondissement de Civray.
CIVRAY.
Draps.
Barré fils.
Goupil.
Sautelé.

Mercerie.
Bourloton.
Damaud.
Paris.
Sechet.
Tendrou.

AVAILLES.
Draperie et Rouennerie.
Fabre.

COUCHÉ.
Draps et Rouennerie.
Main.
Noir (veuve).
Sallé Jean-Pierre (veuve).
Négociants.
Appert frères.

Arrondissement de Loudun.
LOUDUN.
Draps.
Maurin-Lorier.
Sergent père.
Mercerie.
Bertaudière.
Foucher.
Négociants.
Besnard-Lallier.
Bregnier dit Leblanc.
Nouveautés.
Delaveau (veuve).
Rouennerie.
Amirault père et fils.

Arrondis. de Montmorillon.
MONTMORILLON.
Draps.
Banne.
Chabrier.
Debest (veuve).
Négociants.
Opterre frères.
Rouennerie.
Albert.
Degaille.
Galot.
Merlaud.

Département de la VIENNE (HAUTE-).

Arrondissement de Limoges.
LIMOGES.
Bonneterie.
Berger.
Bourabier.
Nouveautés.
Deslandes.
Barba.
Defuge.
Dessey.
Draperie, Rouennerie et Nouveautés.
Batcave.
Beauvieux aîné (veuve).
Boudet frères.
Brisset frères.
Brunet et Duverdier.
Cassin jeune.
Cassin (Dominique et Auguste).
Filliol-Cassin.
Chamot-aventurier Victor.
Charetier (E.).
Concchu.
Delor (A. et J.).
Delor jeune et fils aîné.
Desbordes.
Descazeaud.
Dubois.
Duburgnet aîné.
Dumas Victor.
Duvergers et Nogaro.
Francez.
Guithon.
Benry père
Laforest et fils.
Lagrange.
Lavié aîné.
Lyon.
Marbotin et Vergne.
Nanaud et Ce.
Nante.
Nivet.
Petimaud-Dubos fils.
Pétimaud Pierre.
Ranson frères.
Reix-J.-Baptiste.
Bonquet et Ce.
Roche.
Seguin.
Sirves et Ce.
Vacqnand.
Mercerie.
Benois-Detiveaud.
Benoisi-Detivaud fils cadet.
Benoist-Détivaud fils jeune.
Bornat.
Bourgeois (veuve).
Boury frères.
Chastaingts frères.
Costallat A.
Paul-Dubroys-Chassagne.
Honoré Millet aîné.
Malaud aîné.
Martin.
Minier.
Morlieras frères et Fombarière
Tarneaud fils J.-B.
Vacquand frères.
Nouveautés.
Defage.
Logereau.
Toiles, Négociants.
Barraud-Debonnefond.
Boudet frères.
Guithon.
Lagrange et Ce.

AIXE.
Draps.
Brise.
Rougerie.

EYMOUTIERS.
Draps.
Brunerie.
Dugendre aîné.
Gorse.
Legros.
Marcelin.
Négociants.
Menot.
Raymond.
Valériaud aîné.

SAUVIAT.
Draps.
Henry (veuve).

Arrondissement de Bellac.
BELLAC.
Draps et Nouveautés.
Barraud-Couturaud.
Vallery.
Laprée.

BESSINES.
Mercerie.
Janton.

CHATEAUPONSAC.
Draps et Nouveautés
Lacourière.
Saumard.
Thomas-Lacourière.

LE DORAT.
Draps et Rouennerie.
Devill-Lebegier.
Lachapelle.
Maisondieu.

MAGNAC-LAVAL.
Draps.
Bertrand.
Roy.

RANCON.
Draps.
Vacherie aîné.

Arrondiss. de Rochechouart.
ROCHECHOUART.
Draps et Toiles.
Barret (Me).
Buisson.
Caburol.
Faugeras Ch.
Foussier (veuve).
Lafont (Me).
Montoux (Me).

SAINT-JUNIEN.
Draps.
Auzanet.
Bernard A.
Chazeau.
Noël.
Pagnonx.
Puybareau-Villard.
Reix J.-B.
Rougier.
Mercerie.
Deserces-Junien.
Ganiand.

Arrondissement de Saint-Yriex.
SAINT-YRIEX.
Draps, Nouveautés.
Lachâtre.
Limouzin.
Massy.
Cluzeau.
Lacour.

Département des VOSGES.

Arrondissement d'Epinal.

EPINAL.

Draps.

Clément frères et Choulmont.
Deconde.
Seurat.
Immof.
Salomon-Cahen.
Simon-Schwab.
Elias Cahen.

Mercerie.

Henry.
Husson.
Jourdan-Pallier
Malher.

Négociants.

Claudel.
Genin.
Guilgot.
Pottier-Lallemand.

Nouveautés.

Claudel.
Picart.
Pendefer.

CHATEL-SUR-MOSELLE.

Négociants.

Masson Ch.
Montzay.

RAMBERVILLERS

Draps et Nouveautés.

Balte.
Belleau.
Guillerez (Mlles).
Deflin.
Mathis.
Mathieu.
Meunier-Pugin.
Picard frères et sœurs.

Négociants.

Bédel.
Gadel.

Arrondiss. de Mirecourt.

MIRECOURT.

Draperie, Rouennerie. Nouveautés.

Baugue.
Berlemont-Cabasse.
Brunwick.
Mercier.
Peroult.
Moitessier.
Pesquin.

Nouveautés.

Coffe (Mme).
Perrin, (Mlle).

Toiles.

Collin-Duchène.
Deslettres.
Mercier fils.
Voirin.

CHARMES-SUR-MOSELLE.

Draps.

Beurnel Masson.
Boileau (Mlle).
Daniel-Meyer.
Dieudonné.
Luxe-Roryer.

DARNEY.

Draps.

Aulon.
Barbier (L.).
Chauvet fils.
Miquart-Thouvenel.
Roi Fert.

Nouveautés.

Bresson.

MONTHURIEUX-SUR-SAONE.

Draps.

Guériot.
Legros.
Rougeot.
Vasseur.

Mercerie.

Biquet.
Errard.
Gaillard.
Lafosse.

Arrondissem. de Neufchâteau.

NEUFCHATEAU.

Bonneterie, Draperie et Nouveautés.

Faivre.
Danneckur.
Denis.
Matel.
Pitot.
Fleuret.
Garnier frères
Jaugeon.
Mauljean aîné.
Mauljean jeune.
Fremotte (veuve).
Robert-Tremaux.

Toiles.

Larcher-Croissant.
Garnier frères.
Jarre.

Nouveautés.

Chéron.
Lefebvre.

BULGNEVILLE.

Draperie et Nouveautés.

Bléhée.
Guillaume.

CHATENOIS.

Etoffes.

Buselet.
Henry (François).
Henry Nicolas.
Henry L.
Fontaine Nicolas.
Gavard.

LIFFOL-LE-GRAND.

Négociants.

Fixary.
Mouzon (Ch.).
Mouzon (V.).

SAUVILLE.

Mercerie en gros.

Bailly fils.

LAMARCHE.

Négociants.

Antoine Laprévotte.
Pomme.

VICHERY.

Négociants.

Renaud-Petitjean

Arrondiss. de Remiremont.

REMIREMONT.

Draps.

Arnould.
Cahen et fils.
Cahen Katz.
David-Kinsbourg.
Picard.
Robé frères.

Négociants.

Auray.
Balandier.
Hem.
Kinsbourg.
Maraillet.

LA BRESSE.
Négociants.
Valentin et Claudel.
Draps.
Aubert-Roussel.
Pierrel-Aubert.
Jean Colas frères.
Claudel.

BUSSANG.
Draperie et Mercerie.
Briot-Walroff.
Chaffel J. J.
Valroff (veuve).
Valroff (veuve Romanie).

PLOMBIÈRES.
Draps.
Fournie J.
Parisot.

VAGNEY.
Draps,
Gravier N.
Thiébauld-Remi.

VENTRON.
Rouennerie.
Gehin.

Arrondissement de Saint-Dié.
SAINT-DIÉ.
Draperie et Nouveautés.
Fourrier Lotz.
Humbert-Poirel.
Jarbel-Chevalier.
Lotz.
Marlier.
Nordon.
Rœseler-Franc.
Rœseler Georges.
Boyer-Salmon et Didier Georges.
Antoine.
Silice sœurs.

Modes et Nouveautés.
Apté.
Aubertin.
Laurent (Mlle).
Nurdin (Mlle).
Etienne (Mlle).

CORCIEUX.
Draps et Toiles.
Georges-Colin.

GÉRARDMER.
Draps.
Méline fils.
Pierrat.

SENONES.
Etoffes
Brave.
Caumont.
Perrin.

Département de l'YONNE.

Arrondissement d'Auxerre.
AUXERRE.
Bonneterie.
Cotté-Poivret.
Draperie et Rouennerie.
Bridault (Mlle).
Cerceuil.
Chavard-Pérille.
Descaves-Poivret.
Dubaux.
Faurax.
Feuillebois.
Lauren-Leserré.
Mercier (Victo).
Monnoury.
Rousselet.
Mercerie.
Berthier-Ravin.
Famaux et neveu.
Remy-Chaulmet.
Uzanne aîné.
Uzanne-Chaulmet.
Jacob-Cerf.

BEINE.
Rouennerie.
Empereur.
Toiles.
Pradère

CHABLIS.
Draps.
Bavoil.
Gendre-Augé.
Bernard.
Blot.
Fournier.
Lalmant Paulin.

SAINT-BRIS.
Draperie et Mercerie.
Boistau.
Martin.
Quatremère.

SAINT-FLORENTIN.
Draps.
Chailley.
Couturat.
Gallimart.
Gatouillat.
Gauchot.
Giraud.
Guyot.
Glaive.
Laurent.
Mathieu.
Guyot.

SAINT-SAUVEUR.
Draps et Nouveautés.
Thillière.

THOÉCI
Bonneterie.
Guillomot.
Etoffes.
Barrot.
Moutassier.
Puissaut.
Roux Esclavy.

VERMENTON.
Draperie et Rouennerie.
Galmeau père.
Etoffes.
Ve Brunot.
Giraud.
Vistelle.

rrondissement dAvallon.
AVALLON
Bonneterie.
Bonichon-Martinot.
Petit-Grignon et Millard.
Draps.
Sussey.
Mercerie.
Gally.
Odoblé-Peuble.
Petit-Pichotte.
Rolley.
Vigoureux.
Négociants.
Bidault.
Rolley (Pierre).
Rolley-Gariel.
Nouuveautés.
Chatey-Pinard.
Chevy.
Collin.
Gally.
Gravgè fils et Devaureix.
Guénault Tacquenet.
Mathey.
Roueunerie.
Collin.

ISLE-SUR-LE-SEREIN.
Draperie et Mercerie.
Bidault.
Ferrey.
Primalot.

VEZELAY.
Draps.
Rabigot.
Villeman.
Zimmer.

Arrondissement de Joigny.
JOIGNY.
Bonneterie.
Boulet-Vallée.
Corniquet.
Simon-Havard.
Villetard.
Pelerin.
Draps.
Baudrebos.
Champau.
Glaive.
Dussausoy.
Hallaire
Lefebvre-Mocquot.
Mercier.
Toussaint.
Toussaint-Moreau.
Mercerie.
Bourianes.
Montangeraud.
Petit.
Nouveautés.
Baudribos (Mme).
Mangiois (Mlle).
Godefroy.

BLENEAU.
Draps.
Chevrier.
Janvier.
Marliat.

BRIENON.
Draps.
Denis-Acloque.
Descarcs.
Ferrand.
Couturat.
Guivet.
Moreau-Chauvise.
Regnault-Viltard.

CERISIERS.
Bonneterie.
Brulé.
Mercerie et Rouennerie.
Chevalier.
Empin.
Merry.

CHAMPIGNELLES.
Draps.
Pogé.
Mercerie.
Ballu.
Moreau.
Porche.

CHARNY.
Draperie et Rouennerie.
Beuchot.
Moussoir.
Poitevin.
Demarque.
Rouennerie.
Demarque fils.

ROGNY.
Draps.
Jaquin.
Querolles.
Ronat.
Mercerie.
Ducatte.
Friou.

SAINT-FARGEAU.
Draps.
Marliat-Ricard.
Pignolet.
Negocianis.
Marliat.

SAINT-JULIEN.
Draperie, Rouennerie et Nouveautés.
Varien. F.

VILLENEUVE-SUR-YONNE.
Draperie, Rouennerie et Nouveautés.
Deleuze.
Prevost.
Ragois.

Arrondissement de Sens.
SENS.
Bonneterie.
Devert-Gutel.
Feineux jeune.
Jandelle.
Perrin-Delbet.
Redon.
Bonenfant.
Tabouret.
Nouveautés.
Drouin.
Marest.
Anstruy.
Cramagnol.
Mage.
Lenoir.
Draps et Rouennerie.
Aucher Emile.
Forest François.
Froidefond François.
Gaignette.
Garrivier.

Hoff.
Jenot.
Larive.
Leclaire jeune.
Pierrotin.
Troué.
Saraille.

Mercerie.

Sevelle.
Sothier-Michalet.

CHEROY.

Draperie et Nouveautés.

Dallemagne.
Dubois.

PONT-SUR-YONNE.

Draps et Toiles.

Consolat (veuve).
Cullet-Lebœuf.
Mahy.

SERGINES.

Draps.

Legendre.

THORIGNY.

Rouennerie.

Gibey.
Guinefant.
Saussoy.

VILLENEUVE-L'ARCHEVÊQUE.

Rouennerie.

Bénard (veuve).
Chardon-Fenet.
Coiffet.
Gérar-Guillemot.

VILLENEUVE-LAGUYARD.

Draps.

Filoche.
Riquet.

VINNEUF.

Nouveautés.

Bourgoin.

Arrondissement de Tonnerre.

TONNERRE.

Draps.

Bourdin.
Bourgignot.
Chertst-Delorme.
Delorme-Bonnet (veuve).
Denombret.
Diolé-Salgues.
Huchard.
Mathieu-Moreau.
Saintot-Régnier.

Mercerie.

Beau.
Hurissel.
Jaugey.
Mansard.

Nouveautés.

Mantelet.

CRUZY.

Rouennerie.

Brain.
Colinet.
Jolly.
Priout.

Paris.—Imprimerie L. Grimaux, rue du Croissant, 16.

www.ingramcontent.com/pod-product-compliance
Ingram Content Group UK Ltd.
Pitfield, Milton Keynes, MK11 3LW, UK
UKHW021542260726
13993UKWH00002B/577